LA FRANCE

ET

LES ULTRAMONTAINS.

Ouvrages du même auteur.

Lettres à Palmyre sur l'Astronomie, 1 vol. in-8. 7 fr.

Résumé de l'Histoire des Jésuites, 1 vol. in-8. 6 fr.

LA FRANCE

ET

LES ULTRAMONTAINS,

ESQUISSE HISTORIQUE;

PAR M. CHARLES LISKENNE.

> De leur audace en vain les vrais chrétiens gémissent ;
> Prêts à les repousser, les plus hardis mollissent ;
> Et voyant contre Dieu le diable accrédité,
> N'osent qu'en bégayant prêcher la vérité.
>
> BOILEAU.

Paris,

PONTHIEU ET Cie, LIBRAIRES,

PALAIS-ROYAL,

LEIPZIG, — MÊME MAISON.

1827.

LA FRANCE

ET

LES ULTRAMONTAINS.

Je ne suis ni avocat, ni théologien, ni casuiste ; je connais fort peu Cujas et les Pères de l'Eglise, encore moins Suarès et Berruyer. Issu d'une de ces familles que les troubles de 1640 contraignirent à quitter l'Irlande, je n'approuve pourtant pas les dévotes représailles exercées en 1685 par le jésuite Le Tellier et la veuve d'un poète burlesque ; mais il est clair que je ne servirai jamais de trompette aux protestans. Je ne suis pas non plus janséniste. Quelquefois même, je dois l'avouer, j'ai ri de bon cœur des sauts de carpe qui s'exécutaient périodiquement sur la tombe du diacre Pâris ; j'ai ri également des vers que Jésus-Christ composait en l'honneur de Marie Alacoque... Je hais et je fuis tout *parti* religieux. Le nom de Français me plaît avant tout, et c'est en cette qualité seulement que j'ai voulu tracer ces lignes.

Il y a cinquante années, qui l'eût prédit, qu'aujourd'hui l'an de grâce 1827 nous en serions réduits à de si misérables controverses? Alors nous croyions être déjà des hommes; nous n'étions, nous ne sommes encore, hélas! que des enfans. En moins de dix années nous avons rétrogradé d'un siècle; si pendant dix années nous nous dirigeons de la sorte, qui peut dire les siècles amoncelés qui vont s'écrouler devant nous? Quand on connaît l'histoire de l'esprit humain on sait combien la pente de l'ignorance est rapide.

Mais où nous conduit l'ignorance? N'est-ce pas elle qui creusa le cachot de Galilée? n'est-ce pas elle qui forgea le poignard dirigé contre Ramus? n'est-ce pas elle qui montrant à Descartes des bûchers allumés, l'a contraint d'aller sous un ciel rigoureux chercher une mort prématurée?

En voyant les nouveaux docteurs mettre partout la lumière sous le boisseau, on se rappelle involontairement ce vers de Mahomet :

Quiconque ose penser n'est pas né pour me croire.

J'ai bien peur qu'on puisse même l'appliquer

au pape, malgré son *infaillibilité ;* car après tout on proclame cette doctrine au mépris des libertés de l'église gallicane, et c'est nous présenter un singulier mélange du ridicule et de l'absurde que de venir nous répéter au dix-neuvième siècle que la puissance spirituelle des évêques de Rome est supérieure à la puissance temporelle des rois.

Les papes sont sujets à l'erreur aussi bien que les autres hommes ; le grand nombre de contradictions qui se trouvent dans leurs décrétales et dans leurs bulles, prouvent qu'ils ne respectent pas même les décisions de leurs prédécesseurs.

Sixte-Quint fit faire avec grand soin une édition de la Bible selon la version Vulgate. Il déclara dans une bulle imprimée à la tête de cette édition qu'elle était très-correcte et restituée suivant son ancienne pureté. Cependant le pape Clément VIII, environ cent ans après, y trouva plusieurs fautes, fit supprimer cette Bible avec la bulle qui était à la tête, et publia une nouvelle édition de la Vulgate, différente en plusieurs endroits de celle de Sixte-Quint. Or de ces deux décisions contraires, il est sûr qu'il y en a une fausse ; ou Clément VIII a eu tort de faire toucher à la Bible de Sixte-Quint, ou celui-ci s'était trompé en déclarant par une bulle que l'édition faite par son ordre était très-correcte et dans sa pureté.

En 1557, Paul IV tint à Rome un synode pour examiner si comme pape il pouvait dissoudre un mariage légitime. Dans ce synode, il déclara qu'il ne voulait point qu'on alléguât les exemples de ses prédécesseurs : car je ne doute point, ajouta-t-il, que mes prédécesseurs et moi n'ayons pu faillir quelquefois, non-seulement en ce cas, mais aussi en plusieurs autres choses (1).

Je connais la réplique de ces Messieurs; le pape, disent-ils, comme homme peut pécher, comme docteur il peut errer, mais comme pape il est infaillible. Quel misérable faux-fuyant! Lorsque Jean IX excommunia Formose, que Martin le rétablit dans ses dignités, qu'Etienne réforma le décret de Martin, que Romain le restitua une seconde fois après avoir brûlé les actes de sa condamnation, et que Sergius, cassant tout ce qui avait été fait en faveur de Formose, fit tirer son corps du tombeau, couper la

(1) *Preuves évidentes de ce qu'on doit penser de l'autorité des papes dans leurs décisions*, pag. 61, in-12, 1717.

tête au cadavre de ce pape, jeter ses os dans le Tibre, commandant de donner une seconde fois les ordres à ceux qui les avaient reçus de Formose; je le demande, toutes ces censures réciproques et directement opposées, ont-elles été faites par ces pontifes comme docteurs ou comme papes ?

Et n'est-ce point cette prétendue autorité attribuée aux évêques de Rome sur les princes de la terre qui tant de fois a bouleversé l'Europe, causé des guerres effroyables dans l'Allemagne, et servi de prétexte aux attentats exercés par les papes contre les rois de France leurs bienfaiteurs.

Gregoire IV oublie le style humble et soumis dans lequel ses prédécesseurs imploraient le secours des Français contre les Lombards ; la reconnaissance ne lui dit plus rien des vastes domaines dont Charlemagne avait enrichi l'Eglise de Rome ; il s'avance vers la France à dessein d'excommunier Louis-le-Débonnaire, fils de cet empereur et empereur lui-même. Nicolas, l'un des plus savans pontifes, prononce anathème contre Lothaire-le-Jeune, parce que ce prince avait répudié Teudeberge son épouse, et pris en sa place une maîtresse nommée Valdrade. Si l'on en croit nos annales, personne n'osa plus communiquer avec Lothaire, pas même ses sujets ni son propre frère Charles-le-Chauve. Mais bientôt ce dernier est menacé d'excommunication par Adrien II, s'il monte sur le trône d'Austrasie, auquel il prétendait avoir droit. Grégoire V apprend que Robert a épousé Berthe, sa parente à un degré prohibé ; il s'en plaint aux évêques du royaume. Sur les reproches de lâcheté qu'il leur fait, ceux-ci excommunient leur souverain, et Grégoire confirme la sentence. Urbain II, au concile de Clermont, frappe du même glaive Philippe Ier pour avoir préféré sa cousine à sa femme. Philippe-Auguste s'étant aussi séparé de la sienne, fut également excommunié par Innocent III, qui mit son royaume en interdit. Chacun sait les excès de hauteur et de violence auxquels Boniface VIII porta ses prétentions sur le temporel des rois : c'est ce pontife qui déclara dans une bulle extravagante que tout le genre humain lui était soumis. Cependant Philippe-le-Bel sut lui résister avec une fermeté digne d'un si grand prince. Un autre pape, Genevois turbulent, et qui pour prendre l'épée de saint Paul jeta, comme on dit, les clefs de saint Pierre, Jules II, après avoir changé de parti dans les guerres d'Italie autant de fois que son intérêt particulier ou son caprice le lui inspirait, s'arma enfin d'une haine irréconciliable contre le bon roi Louis XII, ce père du peuple. Abusant des foudres de l'Eglise, Jules excommunia ce sage et vertueux monarque, mit son royaume en interdit, et le fit envahir par le roi d'Espagne, qui en usurpa la meilleure partie. Sixte-Quint et Grégoire XIV n'ont pas eu moins de témérité. Sous le voile de la religion tous deux ont fait leurs efforts pour renverser les lois fondamentales de la patrie. Durant le règne de Henri III, Sixte publia en 1588 une bulle dans laquelle il traite Henri, roi de Navarre, et le célèbre Henri Bourbon-Condé, son cousin germain, d'hérétiques relaps, fauteurs et protecteurs de l'hérésie calvinienne, ennemis des catholiques. Comme tel il déclare le roi de Navarre déchu de son royaume et de la principauté de Béarn, et ces deux princes incapables de succéder à aucune principauté, nommément à la couronne de France. Avons-nous donc oublié déjà les malheurs et les troubles qui agitèrent le règne de Henri IV pour le même sujet ?

Quand on lit un rapprochement semblable, qu'on pourrait grossir ; lorsqu'on sait d'ailleurs que les papes ne doivent leur puissance qu'aux bienfaits des princes français, on est tenté de croire que la reconnaissance n'est point l'apanage de la cour de Rome. Mais voyons (car c'est un point qu'aujourd'hui l'on conteste encore) de quelle manière les rois de France ont répandu sur les papes leurs excessives libéralités.

Pepin, qui usurpa la couronne, s'aperçut qu'il pourrait la conserver en mettant le pape dans son parti. Les ignorans furent contens dès que le pape consentait. Etienne vint en France absoudre le nouveau roi, sacra ses deux fils, et excommunia quiconque tenterait un jour d'enlever la couronne à la nouvelle dynastie, de quoi le grand Hugues Capet se moqua apparemment. Pepin fut prié quelque temps après de venir au secours de Rome assiégée par Astolphe, roi des Lombards. Ce fut saint Pierre qui écrivit lui-même du paradis. Le nouveau monarque vole à ses ordres et prend vingt-deux villes dont il met les clefs sur le tombeau de l'apôtre en réponse à sa lettre.

Se voyant paisible roi de France par l'extinction de la première race, Pepin passa en Italie, fit la guerre à Astolphe, le vainquit et l'obligea de signer la paix avec les Romains. Mais il se rebella l'année suivante; ce qui obligea Pepin de retourner en Italie, où il soumit encore le roi des Lombards, et l'ayant dépouillé de l'exarchat de Ravenne et de la marche d'Ancône, appelée alors la Pentapole, il en donna au pape le *domaine utile*, mais non pas la souveraineté, qui appartenait aux empereurs de Constantinople avant que les Lombards s'en fussent emparés, et qui dès ce moment devint la propriété de Pepin.

Les vestiges de cette première donation existent à Ravenne, où ils sont gravés sur une pierre qui contient ces mots :

Pipinus pius primus amplificandæ ecclesiæ viam aperuit et Exarchatum Ravennæ cum amplissimis.....

C'est-à-dire : Pepin-le-Pieux a le premier ouvert le chemin à l'agrandissement de l'église, et *lui donnant* l'Exarchat de Ravenne avec de très-amples.......

Le reste est effacé, mais le mot *primus* s'y trouve remarquable, et, pour le dire en passant, sert à détruire la fable de la prétendue donation de Constantin. Inutilement en effet chercherait-on un domaine que les papes aient plus anciennement possédé.

Charlemagne passa en Italie, comme son père, pour délivrer le pape Adrien des oppressions de Didier, successeur d'Astolphe. Charlemagne l'assiégea dans Pavie, le fit prisonnier, et l'envoya en France avec sa femme et sa fille. S'étant ainsi rendu maître par droit de conquête de tout le royaume de Lombardie, en 774 il se rendit à Rome, où il confirma la donation de son père, y ajoutant même le duché de Spolette aux mêmes conditions, c'est-à-dire en donnant le domaine utile, et s'en réservant la souveraineté.

L'an 781 Charlemagne fit un second voyage à Rome, et Adrien sacra deux de ses fils, l'un roi d'Italie, l'autre roi d'Aquitaine. Charles donna encore au pape tout le territoire de Sabine. Enfin l'an 787, il fit un troisième voyage, vainquit Arizige, duc de Bénévent, et donna Capoue au pape avec plusieurs autres terres de ce duché.

Jusque là l'évêque de Rome, toujours en dépendance, n'avait été traité que comme un vassal chéri et peut-être utile, lorsque Louis-le-Débonnaire, successeur de Charlemagne, sacrifiant à sa pusillanimité le droit de l'empire et des peuples, affranchit tout à coup ce vassal dangereux. Jamais les papes n'avaient osé prendre possession du pontificat sans l'autorisation des chefs de l'empire; Louis non-seulement ratifia les donations de son aïeul et de son père, y ajoutant même, en 817, la ville de Rome; mais encore, ce que n'auraient certainement jamais souffert ses ancêtres, il se laissa dépouiller de son plus beau privilége, et donna au clergé la liberté des élections.

« Les Italiens, dit Pasquier(1), s'agrandissant par l'effet de nos dépouilles, ne furent chiches de belles paroles et voulurent attribuer ceci à une piété. Pour cette cause, ils honorèrent Louis du nom latin *pius;* mais les sages mondains de notre France imputant cette action à un manque et faute de courage, traduisirent par le mot *débonnaire*, afin de couvrir la faiblesse du prince. »

Telle fut la source des grands biens que les papes acquirent en Italie; et encore que Louis-le-Débonnaire leur eût accordé la justice seulement dans de certaines bornes; encore que le titre de principauté dépendît même toujours de sa couronne, il a été facile à ces gens adroits, lors de l'abaïssement de la race de Charlemagne et dans les diverses révolutions de la monarchie française, de profiter des changemens de dynastie pour étendre leur puissance et se donner enfin une souveraineté absolue sur Rome et sur le patrimoine de saint Pierre. C'est ainsi qu'ils

(1) Etienne Pasquier, *Recherches sur la France*, liv. 5, chap. 3, pag. 426, in-fol. 1621.

ont joint peu à peu la principauté temporelle avec le sacerdoce spirituel, le sceptre avec les clefs, alliance monstrueuse qui a placé le luxe et les richesses, par conséquent l'orgueil et l'ambition dans une chaire où l'on ne devait s'occuper que de prêcher l'évangile qui ordonne la pauvreté.

Dès que les papes et par suite le clergé eurent des intérêts personnels à discuter, ils formèrent dans l'état un ordre politique. Leur règne devenu de ce monde, s'appesantit sur les nations et sur les rois. Les censures ecclésiastiques qui dans l'origine ne portaient que sur la vie future, troublèrent alors la vie présente. On emprisonna, tortura, brûla ses semblables au nom d'un Dieu de paix et de miséricorde, et la religion instituée pour consoler les hommes devint le fléau le plus terrible qui jamais ait frappé l'humanité.

Après avoir brisé les sceptres, usurpé les couronnes et forcé les souverains à faire publiquement pénitence, il ne manquait à Rome pour achever son œuvre de politique et d'audace que de s'attribuer sur l'Eglise même la suprématie qu'elle avait accordée à celle-ci sur les princes de la terre. C'est ce qu'elle fit effectivement au moyen de l'artifice le plus grossier.

« *Tu es Petrus* et sur cette *pierre* je bâtirai mon

église. » Qui croirait qu'une semblable antithèse ait servi de fondement à cette nouvelle usurpation?

Certes, je suis bien éloigné de vouloir porter atteinte à la majesté de l'Evangile que je respecte; mais ne devient-il pas au moins probable que deux expressions aussi disparates que *petrus* et *petra* se trouvent ici fortuitement?

Je suppose que le pêcheur se soit appelé *mulot*, nom assez commun aujourd'hui parmi le peuple, comme l'était sans doute *Petrus* chez les Juifs, et que Jésus-Christ lui eût dit: *Tu es mulot et sur cette mule on ira au séjour de mon père*, ce ridicule et faux abus de mots pourrait-il jamais se prendre pour le langage d'un Dieu dont l'expression quelquefois simple, est toujours juste et souvent sublime?

La difficulté redouble quand on se voit obligé d'avouer qu'on ignore la langue dans laquelle s'exprimait Jésus-Christ. Simon prétend qu'il parlait le syriaque, espèce de chaldéen, approchant de l'hébreu que les Juifs avaient oublié pendant la captivité de Babylone. M. Déodati, savant jurisconsulte de Naples, croit au contraire que le grec était la langue naturelle de Jésus et de ses disciples. M. de Rossi a soutenu contre lui que les Juifs, quoique soumis aux Grecs avant de l'être aux Romains, avaient conservé leur langue ainsi que leurs mœurs et leurs gouvernemens. M. Paulus, théologien de Jéna, traitant la même question et choisissant un moyen terme entre les deux adversaires, a pensé que l'araméen était bien véritablement la langue dominante en Judée, mais qu'on y faisait usage d'un grec mêlé d'hébreu, et que Jésus-Christ et ses apôtres ont pu se servir de cette langue. Ainsi personne ne sait quelle langue parlait Christ. Simon se débaptise et se fait appeler Pierre; ensuite Jésus le rebaptise et l'appelle *Cephas*. Que signifie Cephas? Ducange dit dans son *Glossaire*, que c'est un mot syriaque qui signifie *pierre*. Jésus parlait donc syriaque. Les difficultés s'accroissent à chaque pas, et celle-ci est de la plus haute importance, car toute la charpente de l'édifice repose sur cette *Pierre*. En français le calembour est admirable; mais en latin, en grec, en hébreu, en chaldéen, en syriaque!....

Quoi qu'il en soit, les papes n'en acquirent pas moins une prééminence qui les garantissait de l'opposition des autres membres de l'Eglise, et leur permettait de diriger les conciles à leur gré.

Ce n'est pas que les rois de France ne se soient souvent opposés aux usurpations des évêques de Rome. Ce que nous appelons les libertés de l'église gallicane ne se trouve point fondé sur de simples priviléges ; c'est une conservation perpétuelle de la discipline ecclésiastique établie par les premiers conciles, et une barrière ferme pour ne point laisser empiéter au Saint-Siége plus d'autorité qu'il ne doit en avoir dans le pays. Tant que l'empire appartint à la maison de France, nos souverains ne permirent jamais aux papes de convoquer des conciles; mais les descendans de Charlemagne, ayant divisé ses états et ensuite dégénéré du génie de ce grand prince, l'empire, qui n'était plus qu'un nom presque sans puissance, devint le partage de la maison de Saxe et passa aux Allemands.

Les conquêtes par delà le Rhin furent démembrées au profit d'une infinité de petits princes et de prélats plus petits encore, qui, sous l'autorité de la bulle d'or de Henri-l'Oiseleur, d'Othon son fils, détachèrent chacun un fleuron de la couronne. Plusieurs autres envahirent l'Italie, favorisés par les papes qui aimaient mieux pour voisin un Beranger ou un Albéric que le roi de France leur bienfaiteur. On perdit d'abord tout ce qu'on avait conquis au delà des Pyrénées; enfin la race de Charlemagne se vit même dépouillée du sceptre.

La prééminence des papes une fois admise,

ils s'attribuèrent la connaissance des affaires civiles. Mariages, testamens, crimes en tout genre, rien ne fut oublié dans l'intérêt de ces pontifes ; on multiplia les embarras, les empêchemens, les restrictions de toute espèce pour multiplier les appels à Rome, et cette métropole bienheureuse devint un puits immense où les peuples depuis des siècles versent inutilement leur or.

Les dispenses furent une des branches les plus productives de ce revenu artificiel. Elles étaient sans nombre comme sans mesure. Dispense de consanguinité, dispense d'affinité physique, dispense d'affinité spirituelle, et ces sources principales se subdivisaient à l'infini. En vain le concile de Trente chercha-t-il à paralyser ces abus en déclarant qu'on devait accorder gratuitement les dispenses ; la cour de Rome n'ignorait pas que le concile étant dissous, elle restait seule juge en ces matières.

Les motifs donnés par les papes pour que les princes étendissent les défenses de mariage, étaient aussi futiles que peu fondés. Un passage du Lévitique mal entendu, une conclusion contraire au texte même du Lévitique, qui n'avait jamais prohibé les mariages à ce degré ; contraire au livre des Nombres qui les avait même ordonnés, voilà, disait Lachalotais, toutes leurs autorités. Ils ajoutaient que c'était un moyen de multiplier les liens de la société, motif politique qui n'avait aucun rapport à la religion.

Les rois ignoraient, ajoute ce savant magistrat, quel joug ils s'imposaient à eux-mêmes en autorisant par la force des lois coactives les conseils que leur donnaient les papes à ce sujet. De là les fréquentes cassations de mariages, de là les querelles qui tourmentèrent les peuples pendant tant de siècles. Soit par un zèle indiscret, soit par animosité contre les princes, les papes leur suscitaient des disputes à ce sujet. Maîtres de la validité des mariages des rois, de l'état de leurs enfans, ils décidèrent du sort des peuples et de leurs souverains, armèrent les sujets contre le maître, et sacrifièrent le sang humain à l'intérêt de leur ambition. Ils s'arrogèrent enfin un pouvoir despotique, les papes sur les rois, et les évêques sur les seigneurs et les nobles. Que l'on consulte pour en juger l'exemple de Robert, de Philippe Ier, de Louis-le-Jeune et de Philippe-Auguste.

Avant le onzième siècle Rome ne s'était jamais avisée, continue ce vertueux procureur-général, de donner des dispenses au sujet de la parenté. C'était le droit des princes, c'était un objet purement civil; les papes n'avaient pas même cru permis jusqu'alors de dispenser de la rigueur des canons. Les désordres du neuvième et du dixième siècle, l'ignorance du clergé, les troubles et les guerres, l'invention de fausses décrétales changèrent l'ancienne discipline.

La première dispense donnée par Rome pour parenté, fut, suivant le père Thomassin, vers la fin du onzième siècle. Philippe Ier, roi de France, voulait faire un mariage que l'Eglise gallicane n'approuvait pas. Contrarié par les évêques, Philippe consulta Paschal II, qui lui accorda la dispense sollicitée. Ainsi le moindre abus, un subterfuge de la part d'un prince, étaient saisis avec avidité pour en faire un droit.

C'est aussi dans le onzième siècle que Grégoire VII, dont on préconise tant les doctrines, conçut le dessein de se rendre le maître spirituel et temporel de toute la terre, le juge et l'arbitre souverain des affaires ecclésiastiques et civiles, le distributeur de toutes les grâces, de quelque nature qu'elles fussent, et le dispensateur non-seulement des bénéfices, mais aussi des royaumes. Nous savons comme il exécuta ce projet insensé, par des censures et des dépositions de rois.

Urbain II prétendit que toutes les îles appartenaient à l'apôtre qui, le premier, fut évêque de Rome. On vit bientôt dans plusieurs royaumes un impôt que les papes exigèrent au nom de celui qui n'avait ni or ni argent : on le nomma le *denier de saint Pierre.*

Les indulgences, qui étaient le grand ressort de la souveraineté des papes lors des croisades, furent aussi, selon l'expression du cardinal d'Est, *la menue monnaie du saint-siége.* Rien n'excita mieux le fanatisme que les indulgences données à ceux qui mouraient à la guerre. On s'y rendait comme à des noces, avec un petit morceau de papier trempé dans de l'huile bénite. Boniface IX en distribuait à chacun pour son argent. Ce scandale fournit un prétexte à Luther et à Calvin de prêcher leur schisme, qui n'eut de succès que par la faute des papes.

Les indulgences attirèrent beaucoup d'argent à Rome sous le nom de *jubilé*, parce que d'abord il fallut s'y rendre pour gagner l'indulgence. Ce fut Boniface VIII qui essaya de l'établir en 1300; il en fixa la célébration à chaque siècle. L'épreuve était bonne, mais le terme long : on trouva des prétextes pour l'abréger. Peu de temps après, en effet, Clément VI fixa le retour de l'année sainte à cinquante ans, à cause de la brièveté de la vie.

Ce second jubilé fournit à l'autel de saint-Pierre des présens immenses. Plus de deux millions de pèlerins se rendirent auprès du pape. Les habitans de Rome, qui presque tous étaient devenus aubergistes, vendaient leurs denrées à des prix exorbitans. On conçoit les raisons qui pouvaient faire désirer aux papes de voir renouveler plus souvent cette année féconde; aussi Urbain VI la réduisit-il à trente-trois ans, *à cause de l'âge de Jésus-Christ*, tandis que Paul II plus tard la fixa enfin à vingt-cinq ans.

Durant le jubilé ouvert en 1450, le pont Saint-Ange s'enfonça, et plus de deux cents personnes périrent en se rendant à la basilique de Saint-Pierre. Parmi les pèlerins présens à cette solennité, on distinguait Guillaume, comte de Douglas, l'un des plus grands seigneurs d'Écosse. Accusé de plusieurs crimes pendant qu'il célébrait l'année sainte, on le pendit à son retour.

Un autre pèlerin non moins remarquable était Frédéric, comte de Cilley en Styrie, et père de l'impératrice Barbe. Étant devenu amoureux d'une courtisane, nommée Véronique, il tua de sa propre main sa femme, princesse de Croatie. Herman, père de Frédéric, fit bien, à la vérité, noyer Véronique; mais, après la mort de son père, Frédéric, malgré ses stations et ses génuflexions aux diverses églises de Rome, continua ses débauches et se livra aux plus grands excès.

Quelqu'un lui demandant un jour à quoi lui avait servi son pèlerinage et les bénédictions du pape : « Mon cordonnier, répondit-il, est aussi allé à Rome, et à son retour il s'est remis à faire des souliers (1). »

Nos histoires nous racontent qu'un ambassadeur de saint Louis vers le soudan de Damas, ayant voulu savoir d'une femme qu'il rencontra dans les rues pour quel motif elle portait de l'eau d'une main et du feu de l'autre, apprit de cette femme qu'elle destinait le feu à brûler le paradis et l'eau à éteindre les flammes de l'enfer, afin que les hommes ne servissent plus la divinité par des voies mercenaires, mais uniquement à cause de l'excellence de sa nature.

Tel était aussi le sentiment de Sénèque, lorsqu'il proscrivait tout l'extérieur de la religion. Défendons, s'écriait-il, d'allumer des lampes aux jours de fête, parce que les dieux n'ont pas besoin de lumière, et que les hommes peuvent

(1) Æneas Sylvius, *de statu Europæ, cap. XV. Rerum Germanicarum scriptores varii, curante Burcardo Gotihelffio Struvio*. T. 2, pag. 107, in-fol. 1717.

se passer de sentir la fumée. Veux-tu, ajoutait-il, rendre les dieux propices? sois homme de bien.

La vraie religion a cet avantage effectivement qu'elle n'est point bornée à de simples rits, comme la plupart de celles qui ne doivent leur origine qu'à la superstition et à l'imposture. Avant tout c'est le culte du cœur qu'elle exige; tous ses préceptes tendent donc à rendre les hommes meilleurs et plus justes.

Indépendamment des jubilés dont le retour est fixé à tous les vingt-cinq ans, il en est d'autres d'une époque incertaine. On les célèbre ordinairement lors de l'exaltation d'un pape, afin d'implorer sur son pontificat la bénédiction céleste, ou bien ils sont publiés dans les pressans besoins de l'Église.

Aujourd'hui on peut obtenir la rémission de ses péchés et la grâce de Dieu, sans aller visiter la basilique de saint Pierre : on suit des processions, on chante des cantiques que les fidèles achètent aux portes des églises.... Mais est-il donc absolument nécessaire au salut de nos âmes de chanter des cantiques et de suivre des processions? les rois le croient, et après eux les peuples.

L'année 1676 fut une année de jubilé. Un

monarque qui, malgré ses désordres et ses faiblesses, sut imprimer un noble éclat à son règne, Louis XIV, aimait alors madame de Montespan. « Ces deux amans, pressés par leur conscience, dit madame de Caylus, se séparèrent de bonne foi, ou du moins ils le crurent. Madame de Montespan vint à Paris, visita les églises, jeûna, pria, pleura ses péchés; le roi, de son côté, fit tout ce qu'un bon chrétien doit faire. Le jubilé fini, gagné ou non gagné, il fut question de savoir si madame de Montespan reviendrait à la cour. Pourquoi non? disaient ses parens et ses amis même les plus vertueux; madame de Montespan, par sa naissance et par sa charge, doit y être : elle y peut vivre aussi chrétiennement qu'ailleurs. M. l'évêque de Meaux fut de cet avis. Il restait cependant une difficulté : madame de Montespan paraîtrait-elle devant le roi sans préparation? Il faudrait qu'ils se vissent avant de se rencontrer en public, pour éviter les inconvéniens de la surprise. Sur ce principe, il fut conclu que le roi viendrait chez madame de Montespan; mais, pour ne pas donner à la médisance le moindre sujet de mordre, on convint que des dames respectables et les plus graves de la cour seraient présentes à cette entrevue, et que le roi n'y verrait madame de Montespan qu'en leur compagnie. La visite se fit comme il avait été décidé; mais insensiblement il la tira dans une fenêtre. Ils se parlèrent bas assez long-temps, pleurèrent et se dirent ce qu'on a accoutumé de se dire en pareil cas. Ils firent ensuite une profonde révérence à ces vénérables matrones, passèrent dans une autre chambre, et il en advint mademoiselle de Blois, et ensuite M. le comte de Toulouse. » Madame de Caylus ajoute que mademoiselle de Blois avait toujours dans les yeux et dans toute sa personne je ne sais quel mélange de l'amour et du jubilé.

Ayons le courage de l'écrire : Louis XIV fut trente ans digne d'envie et trente ans digne de pitié. Madame de Maintenon, sa dernière femme, se regardait comme très-malheureuse d'en être réduite à amuser un homme qui n'était plus amusable. Ses jésuites lui conseillèrent d'ôter le commandement des armées au maréchal de Catinat, parce qu'on l'accusait d'être sans religion. « Il sait bien son métier, disaient-ils, mais il ne connaît pas Dieu. » Louis XIV, qui connaissait bien Dieu, mais qui sûrement ne connaissait pas assez les jésuites, confia ses armées à des généraux ignorans et lâches, et fit gérer ses finances par des fripons sans talens et sans capacité. La

France passa en un moment de l'excès de la prospérité à l'excès des malheurs. L'ennemi ravagea nos provinces, et la misère publique fut bientôt à son comble. Mais tous ces maux étaient peu de chose en comparaison de l'âme de Louis XIV, qu'il s'agissait de sauver.

N'oublions pas cependant que ce fut précisément ce prince qui fit dresser la célèbre déclaration de 1682. En ce temps-là, comme de nos jours, les idées ultramontaines devenaient si menaçantes, que le monarque se vit contraint de demander à la Faculté de théologie de Paris une déclaration de ses sentimens sur la puissance ecclésiastique et séculière. La Faculté dressa sur ce sujet six articles conformes à ce qu'elle avait enseigné dans tous les temps. Ces articles ne furent arrêtés qu'au milieu de l'opposition la plus vive, parce qu'une puissante cabale de moines, comme le remarque l'avocat général Talon, s'opposait aux bons desseins de la Faculté.

Le roi autorisa les six articles par un édit enregistré dans tous les parlemens et dans toutes les universités. Cette affaire paraissait finie, mais quelques brouilleries, survenues entre Rome et la France au sujet de l'extension de la *régale*, firent juger qu'il était nécessaire d'avoir recours à une autorité plus imposante que celle de la Faculté de théologie.

Rome poussa la dispute avec une vivacité extrême. La France fut inondée de brefs violens et insoutenables que le parlement supprima. Cependant comme ses arrêts, quoique sages, ne pouvaient remédier efficacement au mal, on eut recours au clergé de France, qui fut convoqué à Paris par ordre du roi en 1682. L'assemblée consentit d'abord, par un acte en bonne forme, du 3 février, à l'extension du droit de régale, conformément à l'édit du 10 février 1673; ensuite elle dressa sa célèbre déclaration sur la puissance ecclésiastique, contenue dans quatre articles rédigés en ces termes par Bossuet :

DU 9 MARS 1682.

Ecclesiæ gallicanæ decreta et libertates à majoribus nostris tanto studio propugnatis, earumque fundamenta sacris canonibus et Patrum traditione nixa, multi diruere moliuntur; nec desunt qui earum obtentu primatum beati Petri ejusque successorum romanorum pontificum à Christo institutum, iisque debitam ab omnibus christianis obedientiam, sedisque aposto-

Plusieurs personnes s'efforcent de ruiner les décrets de l'église gallicane et ses libertés que nos ancêtres ont soutenues avec tant de zèle, et de renverser leurs fondemens qui sont appuyés sur les saints canons et sur la tradition des Pères : d'autres, sous prétexte de les défendre, ont la hardiesse de donner atteinte à la primauté de saint Pierre et des pontifes romains ses succes-

licæ, in quâ fides prædicatur, et unitas servatur ecclesiæ, reverendam omnibus gentibus majestatem, imminuere non vereantur. Hæretici quoque nihil prætermittunt, quo eam potestatem quâ pax ecclesiæ continetur, invidiosam et gravem regibus et populis ostentent, iisque fraudibus simplices animas ab ecclesiæ matris Christique adeò communione dissocient. Quæ ut incommoda propulsemus, nos archiepiscopi et episcopi Parisiis mandato regio congregati, ecclesiam gallicanam repræsentantes, unà cum cæteris ecclesiasticis viris nobiscum deputatis, diligenti tractatu habito, hæc sanciendaet declaranda esse duximus.

seurs, institués par Jésus-Christ; d'empêcher qu'on ne leur rende l'obéissance que tout le monde leur doit, et de diminuer la majesté du saint-siége apostolique, qui est respectable à toutes les nations où l'on enseigne la vraie foi de l'église, et qui conservent son unité. Les hérétiques, de leur côté, mettent tout en œuvre pour faire paraître insupportable aux rois et aux peuples cette puissance qui maintient la paix de l'église; et ils se servent de cet artifice pour séparer les âmes simples de la communion de l'église. Voulant donc remédier à ces inconvéniens, nous, archevêques et évêques assemblés à Paris par ordre du roi avec les autres ecclésiastiques députés, qui représentons l'église gallicane, avons jugé convenable, après une mûre délibération, de faire les réglemens et la déclaration qui suivent.

I.

Primùm, beato Petro ejusque successoribus Christi vicariis ipsique ecclesiæ rerum spiritualium et ad æternam salutem pertinentium, non autem civilium ac temporalium à Deo traditam potestatem, dicente Domi-

I.

Que saint Pierre et ses successeurs, vicaires de Jésus-Christ, et que toute l'église même, n'ont reçu de puissance de Dieu que sur les choses spirituelles et qui concernent le salut, et non point sur les choses

no (1), *regnum meum non est de hoc mundo*, et iterùm (2), *reddite ergo quæ sunt Cæsaris Cæsari, et quæ sunt Dei Deo;* ac proindè stare apostolicum illud (3) : *omnis anima potestatibus sublimioribus subdita sit : non est enim potestas nisi a Deo; quæ autem sunt, à Deo ordinatæ sunt. Itaque qui potestati resistit Dei ordinationi resistit.* Reges ergo et principes in temporalibus nulli ecclesiasticæ potestati Dei ordinatione subjici, neque autoritate clavium ecclesiæ, directè vel indirectè deponi, aut illorum subditos eximi à fide atque obedientiâ, ac præstito fidelitatis sacramento solvi posse, eamque sententiam publicæ tranquillitati necessariam, nec minùs ecclesiæ quàm imperio utilem, ut verbo Dei Patrum traditioni et sanctorum exemplis consonant, omninò retinendam.

temporelles et civiles ; Jésus-Christ nous apprenant lui-même (1) *que son royaume n'est point de ce monde*, et en un autre endroit (2), *qu'il faut rendre à César ce qui est à César, et à Dieu ce qui est à Dieu*, et qu'ainsi ce précepte de l'apôtre saint Paul ne peut en rien être altéré ou ébranlé (3) : *que toute personne soit soumise aux personnes superieures ; car il n'y a point de puissance qui ne vienne de Dieu, et c'est lui qui ordonne celles qui sont sur la terre. Celui donc qui s'oppose aux puissances résiste à l'ordre de Dieu.* Nous déclarons en conséquence que les rois et les souverains ne sont soumis à aucune puissance ecclésiastique par l'ordre de Dieu dans les choses temporelles; qu'ils ne peuvent être déposés directement ni indirectement par l'autorité des clefs de l'église ; que leurs sujets ne peuvent être dispensés de la soumission et de l'obéissance qu'ils leur doivent, ou absous du serment de fidélité; et que cette doctrine, nécessaire pour la tranquillité publique, non moins avantageuse à l'église qu'à l'Etat, doit être inviolablement suivie comme con-

(1) Joann, XVIII, 36.
(2) Luc, XX, 25.
(3) Rom., XIII, 1, 2.

forme à la parole de Dieu, à la tradition des saints Pères et aux exemples des saints.

II.

Sic autem inesse apostolicæ sedi ac Petri successoribus Christi vicariis rerum spiritualium plenam potestatem, ut simùl valeant atque immota consistant sanctæ œcumenicæ synodi Constantiensis à sede apostolicâ comprobata, ipsaque romanorum pontificum et totius ecclesiæusu confirmata, atque ab ecclesiâ gallicanâ perpetuâ religione custodita decreta de autoritate conciliorum generalium, quæ sessione quartâ et quintâ continentur, nec probari à gallicanâ ecclesiâ, qui eorum decretorum, quasi dubiæ sint auctoritatis ac minùs approbata, robur infringant, aut ad solum schismatis tempus concilii dictæ detorqueant.

II.

Que la plénitude de puissance que le saint-siége apostolique et les successeurs de saint Pierre, vicaires de Jésus-Christ, ont sur les choses spirituelles, est telle que néanmoins les décrets du saint concile œcuménique de Constance, contenus dans les sessions IV et V, approuvés par le saint-siége apostolique, confirmés par la pratique de toute l'église et des pontifes romains, et observés religieusement dans tous les temps par l'église gallicane, demeurent dans leur force et vertu, et que l'église de France n'approuve pas l'opinion de ceux qui donnent atteinte à ces décrets, ou qui les affaiblissent en disant que leur autorité n'est pas bien établie, qu'ils ne sont point approuvés, ou qu'ils ne regardent que le temps du schisme.

III.

Hinc apostolicæ potestatis usum moderandum per canones spiritu Dei condi-

III.

Qu'ainsi il faut régler l'usage de la puissance apostolique en suivant les catos, et totius mundi reverentiâ consecratos : valere etiam regulas, mores et instituta à regno ecclesiâ gallicanâ recepta, patrumque terminos manere inconcussos ; atque id pertinere ad amplitudinem apostolicæ sedis, ut statuta et consuetudines tantæ sedis et ecclesiarum concensione firmatæ, propriam stabilitatem obtineant.

nons faits par l'esprit de Dieu et consacrés par le respect général de tout le monde ; que les règles, les mœurs et les constitutions reçues dans le royaume et dans l'église gallicane doivent avoir leur force et leur vertu, et les usages de nos pères demeurer inébranlables. Qu'il est même de la grandeur du saint-siége apostolique que les lois et coutumes établies du consentement de ce siége respectable et des églises, subsistent invariablement.

IV.

In fidei quoque quæstionibus, præcipuas summi pontificis esse partes, ejusque decreta ad omnes et singulas ecclesias pertinere, nec tamen irreformabile esse judicium, nisi ecclesiæ concensus accesserit.

Quæ accepta à patribus ad omnes ecclesias gallicanas atque episcopos iis Spiritu sancto auctore præsidentes, mittenda decrevimus ; ut id ipsum dicamus omnes, simusque in eâdem sententiâ.

IV.

Que, quoique le pape ait la principale part dans les questions de foi et que ses décrets regardent toutes les églises et chaque église en particulier, son jugement n'est pourtant pas irréformable, à moins que le consentement de l'église n'intervienne.

Nous avons arrêté d'envoyer à toutes les églises de France et aux évêques qui y président par l'autorité du saint Esprit, ces maximes que nous avons reçues de nos pères, afin que nous disions tous la même chose, que nous soyons dans les mêmes sentimens, et que nous suivions tous la même doctrine.

Le parlement de Paris n'hésita pas à enregistrer l'édit et sa déclaration. Voulant même témoigner sa satisfaction d'une manière toute particulière, il arrêta le 2 avril que le président et six conseillers, accompagnés du procureur général du roi, visiteraient l'Université de Paris, la Faculté de théologie et celle de droit civil et canon, pour y lire en leur présence l'édit du roi et la déclaration du clergé.

Ces députés du premier tribunal de la justice du royaume furent reçus par les trois corps avec les honneurs convenables. Le premier président et le procureur général y firent des discours très-beaux et très-solides sur la doctrine de la déclaration, dont le procureur général requit l'enregistrement.

L'Université et la Faculté de droit ne firent aucune réclamation ; quant à la Faculté de théologie, prétextant ce qui d'abord avait eu lieu dans son assemblée, elle prétendit qu'en d'autres temps on en pourrait tirer des conséquences nuisibles à ses droits et à ses usages, et différa de se soumettre jusqu'à ce que quatorze députés, nommés par elle, eussent fait l'examen de la déclaration.

Le parlement, attentif à ces mouvemens, manda le doyen et les anciens docteurs, auxquels il ordonna de tenir une assemblée extraordinaire le 15 de mai, et d'y enregistrer sans délai. Mais au lieu d'obéir, la Faculté, qui voulait gagner du temps, résolut de faire au roi des remontrances sur la violation de ses droits et priviléges.

Cette résolution mécontenta le parlement, qui le 16 convoqua le doyen, le syndic, les professeurs et les anciens docteurs, et leur déclara qu'il privait la Faculté de tenir des assemblées jusqu'à ce qu'il en eût été autrement ordonné par la cour. Cependant il enjoignit au scribe de la Faculté d'aller au greffe et d'y faire aussitôt l'enregistrement; ce qui fut exécuté.

Cette conduite vigoureuse n'eut point d'autres suites, et les docteurs, au nombre de cent soixante-trois, présentèrent même une humble requête tendant à obtenir le rétablissement des assemblées ordinaires. Le parlement y consentit par son arrêt du 31 juillet.

Les magistrats sentaient d'autant plus la nécessité de faire à cet égard exécuter leurs ordres, qu'ils n'ignoraient pas que la cour de Rome était sur le point d'employer des moyens violens pour maintenir ses prétentions. Déjà, l'année précédente, elle avait essayé ses forces contre un carme nommé Baby. Ce religieux ayant avancé une doctrine conforme à celle qui fut ensuite établie par le clergé de France, le pape fit déchoir le P. Bahy des priviléges accordés aux réguliers, le déclara incapable de toute fonction pour l'administration des sacremens et la prédication, le priva de voix active et passive, etc.; de sorte que cet ecclésiastique aurait été infailliblement la victime de son zèle, si le parlement n'eût pris sa défense et cassé des arrêts aussi injustes que rigoureux.

L'affaire de la déclaration paraissait finie et irrévocablement jugée, du moins en France; mais les disputes au sujet du jansénisme et de la bulle *Unigenitus* donnèrent occasion à quelques particuliers de revenir contre un arrêt prononcé par le concours des deux puissances. On inséra dans des livres, dans des leçons publiques, dans des thèses, plusieurs propositions contraires à la doctrine de 1682 et favorables aux maximes ultramontaines.

M. Languet, alors évêque de Soissons, se signala entre tous ses collègues. Ce fougueux prélat rejetait les modifications apportées par le parlement à la bulle *Unigenitus*, ainsi que toutes les explications qu'on avait imaginé de donner à cette bulle pour la rendre recevable, et par ce moyen rétablir la tranquillité dans le royaume.

Il voulait une acceptation pure et simple, et enjoignait à tous les prêtres et ecclésiastiques séculiers et réguliers, « exempts et non exempts, et à » tous les fidèles de son diocèse, de se soumettre » de cœur et d'esprit à cette constitution comme » étant un jugement dogmatique de l'Église universelle, duquel tout appel est nul, frivole, illusoire, téméraire, scandaleux, injurieux au » saint siége et au corps des évêques, contraire » à l'autorité de l'Église, schismatique et tendant » à renouveler et à fomenter des erreurs condamnées.

» Il défendait à tous ceux du diocèse de Soissons, sous peine d'excommunication encourue » par le seul fait, dont il réservait le pouvoir » d'absoudre à lui et à ses vicaires-généraux, » d'interjeter aucun appel de ladite constitution, » comme aussi de rien dire, écrire ou faire de » contraire au respect et à l'obéissance due à » cette constitution, jugement de l'église catholique, ou qui favorise l'appel de ladite constitution (1). »

Comme si ce mandement n'eût pas suffisamment montré toute l'amertume de son zèle,

(1) *Voyez* la *Tradition des faits qui manifestent le système d'indépendance des évêques, etc.*, pag. 314, in-12, 1753.

M. Languet l'accompagna d'une lettre aux ecclésiastiques de son diocèse, pour leur faire part de celle qu'il avait écrite à l'évêque d'Angoulême au sujet de l'appel de ce prélat et de son mandement publié à Angoulême au mois de décembre 1718.

Le parlement, par arrêt du 7 juin 1719, déclara qu'il y avait abus auxdits avis et mandement, ordonna que les deux lettres *demeureraient supprimées, comme séditieuses, injurieuses à l'autorité royale, contraires aux libertés de l'Église gallicane, et induisant à diminuer la supériorité du concile œcuménique sur le pape*, etc. (1).

L'évêque de Soissons regarda comme un attentat que le parlement eût eu la hardiesse de le noter, et s'en plaignit au régent par une lettre en date du 24 juin 1719.

L'avocat général (M. de Lamoignon) déféra cette lettre au parlement. Voici quelques extraits de son réquisitoire remarquable.

« On ne peut s'empêcher d'être surpris, di-
» sait-il, de voir imprimer et répandre dans le
» public une lettre particulière écrite à M. le duc
» d'Orléans par un évêque du royaume sur
» une affaire qui le concerne. Il est vrai que

(1) *Ibid.*, pag. 315.

» l'auteur de cet écrit commence d'abord par dé-
» clarer qu'il a lu avec *respect la déclaration du*
» 5 *juin* 1719 (qui suspendait pour un an toutes
» les disputes à l'occasion de l'*Unigenitus*) ; mais
» la première marque qu'il donne de ce respect
» est de rompre le silence qu'elle impose si ex-
» pressément pour combattre ses sages disposi-
» tions. »

M. de Lamoignon s'élève ensuite avec force contre ce que l'auteur soutient que les *libertés de la France n'assujétissent point les évêques aux entreprises des parlemens.* « Quel peut être le
» fondement de cette proposition ? s'écria le ma-
» gistrat. Ne sont-ce pas les parlemens qui ont
» toujours été les plus zélés défenseurs des droits
» de l'épiscopat ? N'est-ce pas à la fermeté qu'ils
» ont fait paraître en toutes les occasions pour
» les soutenir que nos prélats ont été redevables
» du maintien de leur autorité ? Si les parle-
» mens se sont opposés aux démarches de quel-
» ques-uns d'entre eux, s'ils ont renfermé leur
» juridiction dans certaines bornes, ils n'ont fait
» en cela que se conformer aux anciens décrets
» des conciles, et à ces louables coutumes que
» nos pères ont toujours conservées, et qu'ils ont
» regardées comme le soutien de la discipline
» de l'Église.

» *Quelque étendue que soit l'autorité des évêques*
» *dans les choses spirituelles, elle n'est pas néan-*
» *moins absolue; elle doit être restreinte suivant*
» *les anciennes règles de l'Eglise. Les magistrats*
» *doivent avoir une attention singulière de faire*
» *observer par toutes sortes de personnes les ordon-*
» *nances du royaume et les anciens canons, dont*
» *le roi, au nom duquel ils ont l'honneur de rendre*
» *la justice, est le protecteur et le conservateur*
» *dans son royaume.*

» Les parlemens ne font donc aucune entre-
» prise, lorsqu'ils obligent les évêques de se sou-
» mettre à nos libertés et à nos ordonnances :
» *mais lorsque les évêques ne veulent pas y déférer,*
» *c'est une entreprise de leur part qui doit être ré-*
» *primée par les parlemens.*

» Nous ne pouvons trop nous élever contre
» cette maxime proposée dans l'écrit que nous
» apportons à la cour. *Quand l'évêque dit qu'il y*
» *a péché dans certaine action, les magistrats se-*
» *ront-ils crus sur leur parole lorsqu'ils diront*
» *que cette action est innocente?*

» Pour la détruire il suffit d'en faire voir les
» conséquences.

» Si le jugement de l'évêque qui aura déclaré
» qu'il y a péché dans une certaine action ne peut
» jamais être réformé par les magistrats, sa dé-

» cision sera toujours souveraine ; on sera obligé » de s'y soumettre.

» Ainsi lorsque dans ces temps où l'on a vu » régner le désordre et la confusion dans l'état, » quelques prélats faisaient entendre à leurs dio- » césains que c'était un crime de se soumettre à leur » légitime souverain, les diocésains étaient obli- » gés de suivre la voix de leurs pasteurs au pré- » judice de leurs devoirs les plus essentiels ; et » les magistrats n'avaient point d'autorité pour » les y rappeler, parce que la loi de leur con- » science leur imposait la nécessité d'obéir à leurs » évêques.

» Ne nous rappelons pas, si l'on veut, le sou- » venir de ces années malheureuses, agitées par » des guerres intestines et par différentes fac- » tions : mais n'est-il pas à craindre que les sec- » tateurs des principes ultramontains ne veuillent » les introduire parmi les peuples, en leur fai- » sant entendre que c'est un péché d'adhérer à » nos libertés ; qu'il n'est pas permis de les sou- » tenir, et qu'on doit respecter ces décisions fa- » meuses qui ont eu pour objet ou d'abaisser » l'autorité des rois, ou de réduire les ecclésias- » tiques dans les matières spirituelles à une obéis- » sance aveugle, etc. »

M. de Lamoignon avait trop bien développé

par ce discours les vices de la lettre pour que le parlement ne fît pas droit sur ses conclusions. Il ordonna qu'elle serait lacérée et brûlée au pied du grand escalier par l'exécuteur de la haute justice. Mais comme l'auteur ne devait pas demeurer impuni, pour s'assurer qu'elle était véritablement l'ouvrage de celui dont elle portait la signature, la cour ordonna que deux notaires royaux, nommés par le lieutenant-général de Soissons, représenteraient un exemplaire de cette lettre à l'évêque, afin que, après en avoir pris lecture et communication entre leurs mains, il pût l'avouer ou la désavouer, et déclarer si c'était par ses ordres qu'elle avait été imprimée, publiée, etc. L'évêque dit au notaire qu'il enverrait sa réponse au greffe de Soissons, dans la huitaine, et en effet il la fit remettre dès le 15 août 1719. Par cette réponse on put apprendre dès lors *ce que c'est qu'un prêtre.*

« Je, J.-Joseph, par la grâce de Dieu, etc. ; » à tous ceux qui ces présentes verront, salut :

» Nous ne rougirons jamais des ouvrages que » nous avons faits pour le soutien de *la religion* » et pour la défense de la dignité dont nous » sommes revêtus. Si l'on s'efforce de nous faire » des insultes à cette occasion, nous les tenons

» à honneur, et nous les regardons comme le » précieux apanage du ministère saint qui nous » est confié. A ces causes, nous déclarons sans » peine comme *sans crainte*, à tous ceux qu'il » appartiendra, que nous avons écrit, signé et » composé nous-même la lettre qui porte notre » nom, adressée à son altesse royale, datée du » 24 juin, et qui commence par ces mots : *J'ai » lu*, etc., et de plus, nous ne voulons pas en » désapprouver l'impression, que les accusations » injustes formées contre nous avaient rendues » nécessaires pour détromper le public. Quoique » nous donnions cette présente déclaration à » l'occasion de l'arrêt du parlement du 9 août » dernier, nous n'avons néanmoins en la don- » nant d'autre intention que de rendre hom- » mage à la vérité, et nous protestons que nous » ne prétendons pas par cettedite déclaration ap- » prouver ledit arrêt, ni préjudicier aux droits et » immunités de notre dignité épiscopale, *ni » soumettre notre personne à un tribunal qui n'est » point compétent pour nous juger, quand nous » serions coupables, même du crime de lèze-ma- » jesté* (1). »

(1) *Tradition des faits qui manifestent le système d'indépendance des évêques, etc.*, pag. 319, in-12, 1753.

On l'entend : dans aucun cas les tribunaux ne sont compétens pour juger un ecclésiastique !...

Le parlement ayant pris lecture de cette réponse, condamna l'évêque à dix mille francs d'aumônes, s'en réservant toutefois la distribution, ordonna de plus que dans la huitaine il serait tenu de se rétracter, sous peine de saisie de son temporel.

Le duc d'Orléans, alors régent, empêcha l'exécution de cet arrêt, parce qu'il ne voulait pas, dit-il, procurer le chapeau de cardinal à cet évêque. Il est vrai qu'il avait assez bien servi l'ambition de la cour de Rome pour en obtenir une récompense; cependant on peut croire qu'ici comme dans mille autres circonstances la cabale avait produit son effet.

Nous avons donné ailleurs (1) un échantillon de la polémique des révérends pères de la compagnie de Jésus, à l'occasion d'un plaidoyer célèbre ; on va voir comment les ultramontains réfutèrent les justes plaintes des magistrats. C'est encore un jésuite, le P. Le Roux, prédicateur fameux en ce temps, qui porte la parole

(1) *Voyez* le *Résumé de l'Hist. des Jésuites*, page 51, in-8. 1825.

au milieu d'un nombreux auditoire. « Tu pa-
» raîtras au jugement de Dieu, s'écrie-t-il (1),
» toi qui par tes écrits scandaleux, que tu viens de
» faire parvenir jusqu'au pied du trône, attires
» les peuples de cette ville, que dis-je ? de toute
» la France, dans ta révolte et ta rébellion contre
» les décisions de l'Eglise. Que deviendras-tu ?
» On t'adore, on t'encense, il est vrai, mainte-
» nant que tu es sur la terre, on te donne le nom
» de défenseur de la vérité ; mais qu'auras-tu à
» répondre en ce jour terrible, au souverain
» juge, lorsqu'il t'adressera ces paroles fou-
» droyantes : « *Esprit orgueilleux, qui es-tu pour*
» *t'ériger en censeur des décisions de mon Église ?*
» *N'avais-je pas donné l'infaillibilité aux pasteurs*
» *de cette même Église pour décider de la foi ?*
» *Ne devais-tu pas les écouter et ployer sous leurs*
» *décisions ? Qui étais-tu, vain et faible colosse,*
» *pour oser te révolter ? de qui tenais-tu ta mis-*
» *sion ?*..... Ton hypocrisie, ta fausse sagesse se-
» ront alors démasquées ; tu seras confondu, ter-
» rassé. *Exsurgat Deus, dissipentur inimici ejus.* »

La religion mérite tous nos hommages ; mais les ambitieux et les intrigans qui se couvrent de

(1) *Hist. Chronol. des Jés.*, trois. part., pag. 529, in-12. 1762.

son manteau ne méritent que nos mépris. Si les rois de France sont louables pour le respect qu'ils ont témoigné dans tous les temps aux ministres du culte, de quel œil regarderons-nous ces ministres lorsqu'ils abusent de la confiance du prince, ou ne s'en servent que pour alarmer sa conscience, ordinairement contre toute raison?

On ne peut lire ce qui eut lieu aux états de 1614 sans être indigné de la manœuvre qu'y firent les évêques. Messieurs du tiers-état (comme on les nommait alors), frappés de l'assassinat de Henri III et de Henri IV, avaient inséré dans leur cahier un article qui établissait qu'aucune puissance n'a droit de déposer les rois, de dispenser leurs sujets du serment de fidélité, ni d'attenter à leur vie, et que cette doctrine est conforme à la parole de Dieu. Par là le tiers-état voulait arrêter la fureur de la ligue, et empêcher que des imitateurs de Clément et de Barrière, de Châtel et de Ravaillac, ne continuassent d'assassiner nos rois. Cependant parce que cet article ne s'accordait pas avec les idées ultramontaines, les évêques firent grand bruit dans les états et à la cour, menaçant de se retirer, et d'excommunier si l'article passait. Comme ils devaient s'y attendre, la cour prit peur.

Marie de Médicis surtout ne perdait pas de

vue un propos qui fort adroitement lui avait été tenu dans une occasion semblable par le cardinal Du Perron. Si l'on peut douter, lui dit-il, du pouvoir que le pape s'attribue de détrôner les princes, on ne croira plus qu'il ait le droit de casser un mariage; et que devient alors le divorce de Henri IV et de la reine Marguerite? Marie de Médicis, effrayée plus que tout autre de la menace des évêques, vint à bout de faire retrancher l'article qui déplaisait au clergé.

Le cardinal Du Perron est celui dont il est question dans le journal de L'Étoile pour un fait qui mérite d'être rapporté. Comme il se trouvait un jour à la table de Henri IV, il se mit à prêcher contre l'athéisme avec une éloquence si admirable qu'il édifia le prince et par conséquent tous les auditeurs. Henri IV lui donnant des éloges : Sire, répondit le cardinal, j'ai prouvé aujourd'hui qu'il y a un Dieu; demain, s'il plaît à Votre Majesté me donner encore audience, je vous prouverai par des raisons aussi bonnes qu'il n'y en a point du tout (1).

C'est ainsi que l'on a vu dans Paris le cardinal Caraffe, légat du pape Paul IV, son oncle, dire en latin, lorsqu'il donnait au peuple pro-

(1) Pierre de l'Estoile, *Mém. pour servir à l'Hist. de France*, tom. 1, pag. 172, in-8. 1719.

sterné sa bénédiction : Trompons ce peuple, puisqu'il veut être trompé (1).

Cependant ne perdons pas de vue le point le plus important de la discussion qui nous occupe : nous nous proposons d'y ajouter quelques considérations.

Tout s'ébranle dans le système politique, mais si l'on remonte au principe, et qu'on suive dans ses replis la chaîne des événemens passés, on prédira les événemens futurs, comme l'astronome indique à l'avance le retour de ces astres si long-temps la terreur du monde, et qui quelque jour peut-être viendront encore effrayer la postérité. La cause des révolutions périodiques est la même dans tous les climats et dans tous les siècles. Tel est le cours des choses humaines, qu'insensiblement la vigilance diminue, et un État qui méprise les périls éloignés parce qu'il se fie sur sa puissance ne se trouve bientôt plus en état de les braver.

Il est un fait incontestable, c'est que la doctride de l'infaillibilité du pape n'a jamais été répandue en France sans qu'il ne s'en soit suivi presque immédiatement les troubles les plus funestes. Pour ne parler que d'une époque bien

(1) De Thou, *Hist. univer.*, liv. 17, tom. 2, p. 417, in-4. 1740.

désastreuse de notre histoire, pourra-t-on nier que cette maxime n'ait servi de dogme fondamental à la ligue, et ne la voit-on pas clairement établie dans une déclaration publiée en 1592 par le duc de Mayenne pour la convocation des états?

« Mais le roi de Navarre, y est-il dit, persévé-» rant dans son erreur, il ne nous était loisible » de lui rendre l'obéissance et la fidélité, si nous » voulions comme catholiques demeurer sous » l'obéissance de l'Église catholique, apostolique » et romaine, qui l'avait excommunié et privé » du droit qu'il pourrait prétendre à la cou-» ronne (1). »

On n'enseignait alors autre chose dans toutes les chaires des écoles et des colléges, sinon qu'un roi anathématisé par le pape n'était plus roi, et que ses sujets devaient lui refuser toute obéissance. On ne lisait en théologie d'autres livres que ceux de Bellarmin, qu'on mettait presque au niveau de l'évangile.

Les jésuites surtout se distinguaient par leur attachement à cette idée pernicieuse, qu'ils ne cessaient d'inspirer à leurs disciples. Ce fut une des armes dont le parlement se servit pour s'op-

(1) *Mémoires d'Etat faisant suite à ceux de Villeroy*, tom. 4, pag. 10, in-8. 1623.

poser à leur rétablissement. « Et comme le nom » et vœu de leur société est universel, dit cette » respectable compagnie (1), aussi les propositions en leur doctrine sont uniformes, qu'ils » ne reconnaissent pour supérieurs que le pape, » auquel ils font serment de fidélité et d'obéis» sance en toutes choses; et tiennent pour » maxime indubitable qu'il a la puissance d'ex» communier les rois, qu'un roi excommunié » n'est qu'un tyran, et que son peuple se peut » élever contre lui. »

Ce n'est pas calomnier ces pères que de les accuser de professer une telle doctrine; ils se sont autrefois félicités eux-mêmes du succès avec lequel ils avaient travaillé à la graver dans le cœur de leurs écoliers. Lors de la réduction de la ville de Lyon sous l'obéissance de Henri IV, en 1594, les menaces de la mort la plus cruelle ne purent déterminer ceux qui prenaient leurs leçons dans le collége de cette ville à le reconnaître pour souverain. Ce sont les jésuites eux-mêmes qui s'applaudissent de ce bon effet dans des lettres publiques imprimées avec la permission de leurs supérieurs (2).

(1) Remontrances au Roi, du 24 décembre 1603, sur le rétablissement des jésuites.

(2) *Litteræ societatis Jesu.*, ann. 1594 et 1595, ad

Enfin la crainte d'être frappé d'anathème en obéissant au roi était si générale et formait sur les esprits une impression si vive qu'avant d'exécuter la résolution prise dans un colloque tenu à Paris le 2 août 1590, de faire des propositions de paix à Henri IV, on consulta la Sorbonne pour savoir si ceux qui porteraient à ce prince les vœux de l'assemblée n'encourraient pas la censure portée par la bulle d'excommunication lancée contre lui. Ce beau cas de conscience est rapporté dans les Mémoires de L'Étoile (1).

« La fureur des prédicateurs qui se déchaî» naient dans la chaire contre le roi de Navarre » et contre le roi même, qu'ils accusaient de fa» voriser ce prince protestant, contribua beau» coup, dit De Thou (2), à soulever le peuple; » mais ceux qui y travaillèrent le plus efficace» ment furent les confesseurs, qui développaient » à l'oreille de leurs pénitens ce que les prédica» teurs avaient dit moins clairement en public. » Les prédicateurs en effet s'abstenaient de

patres et frat. ejusd. societ. pag. 225; cum superiorum permissu, in-12. 1604.

(1) *Mémoires pour servir à l'Hist. de France*, tom. 2, pag. 17 et 18, in-8. 1719.

(2) De Thou, *Hist. univers.*, liv. 86, tom. 6, pag. 722, in-4. 1740.

» nommer, par la crainte d'être punis. Les con» fesseurs, abusant du secret de leur ministère, » n'épargnaient ni le roi, ni les ministres, ni les » officiers qui lui étaient le plus attachés; et, au » lieu de consoler par des discours de piété les » personnes qui s'attachaient à eux, ils leur rem» plissaient l'esprit de faux bruits et mettaient » leur conscience à la torture au moyen de ques» tions embarrassées, et de mille scrupules qu'ils » leur jetaient dans l'esprit. Par le même artifice, » ils fouillaient dans le secret des familles, et en » alléguant quelques passages de l'Écriture et » quelques raisonnemens de scolastique pour » prouver qu'en fait de religion les sujets peu» vent faire des associations sans la permission » du prince, ils les engageaient enfin dans cette » ligue funeste. S'ils trouvaient quelqu'un qui » ne voulût pas y entrer, ils lui refusaient l'ab» solution. On en fit des plaintes d'abord à l'évê» que, ensuite au cardinal Morosini, légat du » pape, et on leur enjoignit de ne pas abuser » ainsi de la sainteté de leur ministère; mais, » au lieu de se corriger, ils employèrent seule» ment dans la suite plus de précautions, et pour » empêcher que leur manége ne se divulguât, ils » établirent ce dogme nouveau : que le pénitent » qui découvre ce que le confesseur lui a dit est

» aussi coupable que le confesseur qui révèle la » confession de son pénitent. »

Les excès auxquels se livraient les prédicateurs seraient incroyables s'ils n'étaient attestés par des témoins auriculaires. On a peine à s'imaginer la manière dont on traitait Henri III dans toutes les chaires, et avec quelle fureur on tâchait de rendre criminelles ses actions les plus innocentes.

Ce prince ayant reçu magnifiquement les ambassadeurs qui lui apportaient les insignes de l'ordre de la Jarretière, ce fut une occasion pour les prédicateurs de se déchaîner contre lui avec plus d'acharnement que jamais. Ils criaient au peuple que le roi ne pensait qu'à faire alliance avec les hérétiques pour détruire la religion de ses ancêtres, tandis qu'il oubliait ceux qui en étaient les plus solides défenseurs ; qu'il était temps enfin que tous les gens de bien sortissent d'une semblable léthargie, et pensassent à prévenir le danger dont la religion était menacée par la négligence ou les mauvaises dispositions de ceux qui se trouvaient à la tête du gouvernement (1).

C'est ainsi que s'exprimaient les prédicateurs lorsque, comme l'a dit plus haut de Thou, ils craignaient une punition sévère ; mais ils se li-

(1) De Thou, *Hist. univers.*, liv. 81, tom. 6, pag. 475, in-4. 1740.

vrèrent dans la suite aux emportemens les plus violens.

Les ligueurs trouvèrent dans l'oratoire que le roi avait au château de Vincennes une croix de vermeil sur laquelle, par forme d'ornement, étaient gravés deux Satyres au milieu de quelques feuilles d'acanthe. Cette croix passa tour à tour par les mains de tous les prédicateurs de la ligue. Ils la montraient au peuple en déclamant pathétiquement contre l'impiété détestable de ce prince, qui, sous prétexte d'aller dans cet oratoire rendre ses hommages à la croix du Sauveur, adorait réellement les démons représentés par les Satyres, et avait avec eux des entretiens secrets. Ils firent graver la figure de cette croix, qui courut tout Paris, pour l'édification des gens oisifs. Cependant l'orfévre qui l'avait vendue au roi attesta qu'il y avait plus de cent ans qu'elle était faite (1).

Henri IV n'était pas plus ménagé par ces prédicateurs séditieux. On en peut juger à la lecture de quelques-uns des sermons qui se débitaient alors, et que l'Estoile rapporte comme y ayant assisté.

Le dimanche 24 mars 1591, Boucher, curé de

(1) De Thou, *Hist. univers.*, liv. 94, tom. 7, pag. 386, in-4. 1740.

Saint-Benoît, appela le roi le *Dragon roux* dont il est parlé dans l'Apocalypse. Cucilly, curé de Saint-Germain-l'Auxerrois, le nomma bouc puant; le curé de Saint-André, fils de p.... (1). Le 10 avril 1591, Panigalore, évêque d'Asti, qui prêchait à la Sainte-Chapelle, engagea son âme au diable, en présence de tous les assistans, au cas que le Béarnais entrât jamais dans Chartres, et dit des vilainies que la pudeur ne permet pas de répéter (2). Le 5 juillet 1592, Julien Le Pelletier, curé de Saint-Jacques, excommunia tous ceux qui parlaient de paix; dit que tous les *politiques* (c'est ainsi qu'on nommait les honnêtes gens qui n'étaient ni du parti protestant ni de celui de la ligue) étaient damnés comme Judas; qu'il les excommuniait avec ceux qui les favorisaient et qui parlaient de recevoir ce petit teigneux et fils de p.... de roi de Navarre revenant à la messe (3). Le 19 mars 1593, Boucher, prêchant à Saint-Barthélemi, dit qu'il fallait prier Dieu de nous donner un roi fils d'homme, et non pas d'une bête; car celui que vos politiques demandent, ajouta-t-il, est fils d'une louve (4).

(1) Pierre de l'Estoile, *Mém. pour servir à l'Hist. de France*, tom. 2, pag. 33, in-8. 1719.

(2) *Ibid.*, p. 36.

(3) *Ibid.*, p. 75.

(4) *Ibid.*, p. 108.

Le même jour, Simon Filieul, prieur des Carmes, appela le roi coquin, et dit qu'il vaudrait mieux avoir le Turc pour roi que ce Béarnais (1).

Le 9 avril suivant, Guillaume Rose, évêque de Senlis, prêchant à Saint-Côme, dit que le roi était un bâtard. Il se vante, ajouta-t-il, d'être descendu de la race de saint Louis ; mais il en a menti (2). Le 6 février 1594, le curé de Saint-Germain appela le roi archiduc de Genève (3). Le 27 du même mois, le roi fut sacré à Chartres. Les nouvelles en étant venues à Paris, Guarin, cordelier, dit dans son sermon le 1er mars, que l'on avait graissé le Béarnais, et qu'il n'était non plus roi qu'était le diable quand il promettait à Jésus-Christ tous les royaumes qu'il n'avait que par imagination (4).

Quel était l'effet naturel de ces invectives grossieres ? Le 29 décembre 1588, au sortir d'un sermon prononcé par le docteur Lincestre, le peuple mit en pièces et traîna dans la boue les armoiries du roi. Le docteur avait eu soin d'apprendre à son auditoire que ce *vilain Hérode* (les ligueurs

(1) Pierre de l'Estoile, *Mém. pour servir à l'Hist. de France*, tom. 2, p. 109, in-8. 1719.

(2) *Ibid.*, p. 111.

(3) *Ibid.*, p. 182.

(4) *Ibid.*, p. 186.

avaient ainsi anagrammatisé le nom de *Henri de Valois*) n'était plus rien pour le peuple, eu égard aux déloyautés et tueries commises par lui envers les catholiques romains (1).

Et cependant les prédicateurs ne bornaient pas leur zèle à injurier ainsi le monarque ; ils osaient, dans la chaire même de vérité, engager les peuples à plonger un fer dans son sein, et à massacrer par principe de conscience tous ses sujets fidèles.

En 1589, François Pigénat, curé de Saint-Nicolas-des-Champs, faisait l'oraison funèbre du duc de Guise dans l'église Saint-Jean-en-Grève, lorsqu'il interpella tout à coup ses auditeurs, et leur demanda d'une voix de tonnerre, s'il ne se trouverait personne qui entreprît de venger le meurtre du duc en donnant la mort au tyran. Afin d'émouvoir plus sûrement le peuple, Pigénat fit parler à sa place la veuve du défunt, qui était sur le point de devenir mère, et lui mit dans la bouche ces terribles paroles imitées de Virgile :

Exoriare aliquis nostris ex ossibus ultor,
Qui face Valesios ferroque sequare tyrannos (2).

(1) Pierre de l'Estoile, *Mem. pour servir à l'Hist. de France*, tom. 1, p. 260, in-8. 1719.

(2) Maimbourg, *Hist. de la Ligue*, liv. 3, pag. 297, in-4. 1683.

Le 13 mars 1591, Boucher, qui prêchait le carême à Saint-Germain, ne parla que de sang et de carnage ; dit que les gens de la cour et les magistrats ne valaient rien du tout, et exhorta le peuple, par ses gestes et ses paroles atroces, à leur courir sus et à s'en défaire. Je voudrais, dit ce fougueux pasteur, avoir étranglé de mes deux mains ce chien de Béarnais. Ce serait le plus agréable sacrifice que je pusse faire à l'Être suprême (1).

Le 21 avril 1591, jour de la Quasimodo, tous les curés et les prédicateurs de Paris se mirent en fureur contre les politiques. Boucher avança qu'il les fallait tous tuer ; Guillaume Rose, qu'une saignée de Saint-Barthélemi était nécessaire ; Commolet, jésuite, que la mort des politiques serait la vie des catholiques ; le curé de Saint-André, qu'il marcherait le premier pour les aller égorger. Le curé de Saint-Germain-l'Auxerrois donna le conseil de se saisir de tous ceux qu'on verrait rire, et de traîner à la rivière ces demandeurs de nouvelles qu'on voyait assemblés au coin des rues (2). Le dimanche 5 juillet 1592, le curé de Saint-André cria fort

(1) Pierre de l'Estoile, *Mém. pour serv. à l'Hist. de France*, tom. 2, p. 32, in-8. 1719.

(2) *Ibid.*, p. 37.

contre la paix qu'on disait être prochaine : ce que je ne crois pas, dit-il, mais si tant était et qu'on en découvrît quelque chose, il faudrait prendre les armes et faire une sédition, de laquelle je serai des premiers, et en tuerai autant que je pourrai (1). Le dernier janvier 1593, le jésuite Commolet, prêchant à Saint-Barthélemi, allégua saint Ambroise sur l'Évangile de la nacelle agitée, lequel dit que Judas était dedans. Appliquant cette parabole aux États, Commolet prétendit qu'il ne s'agissait plus d'un seul Judas, qu'il y en avait plus de vingt, voire même plus de trente, et qu'on les reconnaîtrait à cela s'ils parlaient tant soit peu en faveur du Béarnais. A cette heure-là, mes amis, ajouta-t-il, ruez-vous hardiment dessus et étouffez-les-moi, car ils en sont (2). Le jour de la Chandeleur suivant, ce jésuite criait dans la même église : « Il nous faut un Aod, un Jéhu. Oui, mes amis, il le faut, fût-il clerc, fût-il soldat, fût-il goujat, fût-il huguenot même (3). Le 8 septembre 1595, le prieur des Carmes incita, dans son sermon, le peuple à se défaire du Béarnais, et demanda s'il

(1) Pierre de l'Estoile, *Mem. pour servir à l'Hist. de France*, tom. 2, p. 75, in-8. 1719.

(2) *Ibid.*, p. 102.

(3) *Ibid.*, p. 104.

n'y avait pas à Paris quelque cœur généreux ou mâle ou femelle, qui nous pût, comme Judith, délivrer des mains de ce tyran d'Holopherne (1). Le 17 mars 1594, le cordelier Guarin prêcha que celui qui avait tué Henri III devait être anobli avec toute sa postérité, ayant fait un acte plus méritoire que Judith; qu'il était nécessaire et permis de se défaire du roi de Navarre, et que qui voudrait l'entreprendre irait en paradis, et serait le plus proche de Dieu (2).

N'est-on pas saisi d'horreur au récit de sermons semblables; et n'a-t-on pas eu raison d'avancer que de tels prédicateurs n'étaient pas des hommes, mais des furies? Suivons ici le conseil d'un sage qui nous dit : Lorsque ces forcenés débitent leurs forceneries à l'orient, fuyez à l'occident.

Henri IV monta sur le trône après s'être battu en vrai soldat. La France devint sa conquête; mais il fut contraint d'en acheter diverses parties démembrées par la cupidité des grands. Henri avait déjà payé trente-deux millions à cette noblesse vénale et intéressée, lorsqu'il se trouva dans l'impuissance d'acquitter ses promesses.

(1) Pierre de l'Estoile, *Mém. pour servir à l'Hist. de France*, tom. 2, p. 156, in-8. 1719.

(2) *Ibid.*, p. 190.

Ce prince reçut la meilleure éducation possible, celle des revers. Il fut bon roi sur le trône, pardonna, oublia les injures passées. Comme il avait souvent manqué du nécessaire, il songea dans la suite à ceux qui en manquaient. Ayant été trois ans prisonnier d'État, il ne convertit point son autorité en despotisme. Il avait hasardé sa vie dans les batailles ; il sut être clément après la victoire, et respecta le sang des hommes.

Nous avons sur sa façon de penser des témoignages si peu équivoques, qu'on est tenté de croire que s'il abjura le protestantisme, ce fut plutôt par politique que par conviction. « Ne me » parlez point tant de religion, disait-il (1) ; tous » ces grands catholiques ecclésiastiques criards, » que je donne à un d'eux mille écus ou quatre » mille livres de rente, ne diront plus mot. »

En butte aux poignards des catholiques, outragé par les papes qui, connaissant bien leur siècle, lançaient du haut du Vatican ces foudres qu'on entendait alors retentir dans l'Europe entière, décrié, insulté dans tous les sermons des prédicateurs, Henri écrivait à Corisandre d'Andouin : « Tous ces assassins, tous ces empoi-

(1) *Recueil de divers mémoires, harangues, remontrances et lettres servant à l'Hist. de notre temps*, p. 366, in-4. 1623.

»sonneurs sont tous papistes, et vous êtes de » cette religion ! J'aimerais mieux me faire Turc. » Il exposa, dit-on, les raisons politiques de son changement à la reine Elisabeth. Enfin il mandait à Gabrielle d'Estrées, en parlant de son abjuration : « C'est demain que je fais le saut » périlleux. »

On a beaucoup loué Henri IV, et l'admiration s'est étendue jusqu'à l'idolâtrie ; ce n'est pas nous qui nous éleverons contre un tel système. Il est toujours bon à un peuple d'établir un fantôme paré de toutes les vertus qu'il voudrait inspirer à ses princes ; c'est une convention adroite, utile, et dès lors respectable. Ce modèle de la royauté sert d'ailleurs de satire indirecte pour toutes les fautes, tandis que les éloges publics prodigués au monarque qui n'est plus, deviennent de véritables leçons capables de toucher l'esprit distrait des rois, et de leur faire comprendre le vœu général. Gardons-nous donc d'affaiblir une opinion faite pour maintenir des hommes qui n'ont peut-être que ce seul frein sur la terre : ils seront toujours assez grands s'ils imitent Henri IV dans plusieurs de ses héroïques qualités.

Après avoir porté la fureur du peuple jusqu'au point qu'ils souhaitaient, les ligueurs voulant rendre le prince encore plus odieux et plus méprisable, songèrent à l'excommunier et à le maudire en cérémonie. C'est dans ce but qu'ils imaginèrent les processions. Si l'on en croit de Thou, cette pratique superstitieuse fut même une de celles qu'ils regardaient comme les plus efficaces pour maintenir l'esprit de faction. « On ordonna, » dit cet historien (1), des processions dans toutes » les églises de la ville, où l'on parait les autels » de pierreries et de très-beaux vases d'or et d'ar» gent que prêtaient à l'envi les personnes dé» votes pour attirer les regards du peuple : c'é» taient des rendez-vous pour les conjurés qui » comptaient pouvoir s'assembler de la sorte sans » donner ombrage au gouvernement, et trouver » l'occasion d'affermir de plus en plus le peuple » dans le serment de la ligue. Ces processions ne » se bornaient pas aux habitans de la ville, la » campagne y prenait part ; et le duc de Guise » faisait venir des frontières de Champagne, de » Picardie et de Lorraine, une foule de monde, » hommes et femmes, avec des habits blancs or» nés de croix. Tous ces dévots formant de lon» gues files traversaient Paris en marmotant des » prières que l'on n'entendait pas, et attiraient les » regards de la populace surprise de cette nou» veauté. »

(1) De Thou, *Hist. univ.*, l. 86, t. 6, p. 723, in-4. 1740

Le même historien nous a conservé la description de plusieurs processions faites à cette époque, d'une entre autres qui eut lieu à Toulouse en 1589, sous la direction de l'évêque de Comminges.

« On voyait à la tête cinq moines (1) ; l'un » armé d'une cuirasse, et tous cinq portant une » croix. A ceux-ci s'étaient joints les mem» bres du clergé qui étaient dans le parti, sur» tout les jésuites, avec environ deux cents » hommes de la lie du peuple, armés d'une ma» nière grotesque, d'épées et de pertuisanes tou» tes rouillées. Un des moines qui était à la tête, » tenant à la main le crucifix, se tournait » tantôt d'un côté, tantôt de l'autre. Eh bien ! » disait-il, y a-t-il quelqu'un qui refuse de s'en» rôler dans cette sainte milice ? s'il s'en trouve » d'assez lâches pour ne pas se joindre à nous, » je vous donne la permission de les tuer, sans » crainte d'en être repris. »

Par la description d'autres cérémonies que nous lisons dans cet historien fidèle, on voit que les femmes du parti de la ligue, uniquement occupées à satisfaire leur esprit de révolte, violaient ouvertement, dans ces prétendues so-

(1) De Thou, *Hist. univers.*, liv. 97, tom. 7, p. 558, in-4. 1740.

lennités ecclésiastiques, les règles les plus indispensables de la pudeur.

Malgré la rigueur de la saison, qui était, dit-il (1), encore assez froide, on forçait de jeunes enfans à marcher pieds nus. Des femmes même et des filles, couvertes d'une simple toile, portaient dans la main des cierges allumés qu'elles éteignaient après certaines prières en vers. Comme si, conformément à ce que la fable nous raconte du tison fatal de la conservation duquel dépendaient les jours de Méléagre, elles eussent espéré par là éteindre la vie du roi. Il s'en trouvait même quelques-unes des plus jolies, qui pour rendre aux spectateurs leur dévotion plus agréable, n'étaient couvertes que d'une seule toile de lin très-fine, qui n'opposait aucun obstacle aux regards curieux, ni souvent même aux caresses empressées des jeunes gens.

L'Estoile parle aussi d'une procession à laquelle il assista. « Le 5 avril 1591, le curé de » Saint-André nous mena à Saint-Jacques-de-la-» Boucherie, après nous avoir préalablement ad-» monestés de la fin de cette procession, qui était » de prier monsieur saint Jacques de vouloir

(1) De Thou, *Hist. univers.*, liv. 94, tom. 7, p. 387, in-4. 1740.

» donner de son bourdon sur la tête de ce diable » de Béarnais (1). »

Suivant le même auteur : « On portait en » procession certains cierges magiques qu'on ap- » pelait par moquerie cierges bénits, qu'on étei- » gnait au lieu où l'on allait, renversant la lu- » mière contre bas, prononçant des paroles que » des sorciers avaient apprises ; et cela pour » essayer de faire mourir le roi. (2) »

Afin d'abuser de tout ce qu'il y a de plus sacré dans la religion, il ne fallait plus qu'employer les prières de l'église à la défense de la ligue, c'est aussi ce qui a été fait. A peine, dit le P. Maimbourg (3), la nouvelle de l'assassinat de Henri III fut-elle répandue, « qu'on ordonna » des prières publiques par toutes les églises de » Paris, pour rendre à Dieu de solennelles ac- » tions de grâces. On fit durant toute une se- » maine des processions qui allaient de toutes » les paroisses à l'église des Jacobins. On exhorta » les peuples à y faire de grandes aumônes, en » considération de frère Jacques Clément, et à

(1) Pierre l'Estoile, *Mem. pour serv. à l'Hist. de France*, tom. 2, p. 57, in-8. 1719.

(2) *Ibid.*, tom. 1, p. 270.

(3) Maimbourg, *Hist. de la Ligue*, liv. 3, p. 359, in-4 1683.

»étendre leurs charitables libéralités sur ses »pauvres parens. »

Cette fureur se propagea jusque dans les provinces, et en Languedoc, on décerna un culte public à l'assassin. « Les ligueurs or- »donnèrent des funérailles publiques et so- »lennelles pour Jacques Clément, tandis qu'ils »traînaient dans la boue le portrait du prince »qui fut la victime de ce monstre. Les Tou- »lousains ne le cédèrent à aucune ville, et »firent célébrer un service dans l'église des Ja- »cobins. Tous les ordres de la ville s'y trouvè- »rent; et Richard, provincial des Minimes, qui »prononça l'oraison funèbre, mit Jacques Clé- »ment au rang des martyrs. Les ligueurs pous- »sèrent encore plus loin leur extravagance; ils »exposèrent l'image de ce scélérat à la vénéra- »tion publique, et le mirent dans la litanie des »saints (1). »

Après tant d'exemples d'abus du ministère ecclésiastique, on croira facilement que les ligueurs abusaient aussi des assemblées de piété et des confréries. De Thou nous apprend que l'évêque de Comminges en avait établi une à Toulouse, dans laquelle il enrôlait tout ce qu'il

(1) *Hist. du Languedoc*, tom. 5, liv. 41, chap. 46, p. 439, in-folio. 1745.

y avait de scélérats de la lie du peuple, et que ce prélat s'en servait pour entretenir des correspondances avec les Espagnols (1).

Afin de s'assurer que ces compagnies étaient destinées à un usage aussi criminel, il suffit de jeter les yeux sur les statuts dont on faisait jurer l'observation à tous les membres. Voici quelques-uns des articles de la confrérie du nom de Jésus, érigée à Paris dans l'église de Saint-Gervais, en 1590.

« A cause que nulle congrégation ne peut longuement subsister sans obéissance, nous jurons » de vivre et mourir en la foi catholique, apostolique et romaine, sous l'obéissance de N. S. P. le » pape, vicaire et lieutenant de Dieu en terre, M. » notre évêque de Paris, et nos autres fidèles supé» rieurs ecclésiastiques, et notre roi très-chrétien » Charles X (le cardinal de Bourbon), monsei» gneur le duc de Mayenne son lieutenant-géné» ral, nos princes et seigneurs de la Sainte-Union.

» Et pour montrer notre ardente affection en» vers notre roi très-chrétien et sa très-injuste » captivité (on sait que Charles X était alors » prisonnier de Henri IV), nous promettons » de procurer sa délivrance, ensemble de tous

(1) De Thou, *Hist. univ.*, l. 97, t. 7, p. 557, in-4. 1740.

» les autres princes, seigneurs et fidèles catho-
» liques emprisonnés pour la défense et manu-
» tention de la religion catholique, apostolique
» et romaine, par tous moyens qui nous seront
» possibles, sans épargner nos biens ni nos vies,
» et pour ce effectuer, nous employer tous à
» supplier nos princes et supérieurs, de deman-
» der l'aide et secours de tous les princes catho-
» liques de quelque nation qu'ils soient, et spé-
» cialement du roi catholique, qui souvent par
» effet et spécialement en cette présente nécessité
» a soulagé la France contre les hérétiques.

« Et d'autant que le glaive civil et l'autorité
» temporelle tombant entre les mains d'un prince
» hérétique est très-pernicieux..., nous promet-
» tons pareillement jurer par le serment fait à
» notre baptême, de ne reconnaître jamais pour
» roi un prince hérétique, nommément Henri
» de Bourbon, prétendu roi de Navarre, relaps,
» et excommunié par N. S. P. le pape; et aupa-
» ravant le massacre des princes catholiques
» commis en la ville de Blois, déclaré incapable
» de ce royaume par les trois états tenus en ladite
» ville de Blois; ni prêter consentement à aucun
» traité de paix, alliance, réconciliation, trêves
» ou suspensions d'armes avec lui ou autres hé-
» rétiques, etc. »

Les autres articles de ces statuts sont formés sur le même plan. On voit à la fin la formule du serment prêté pour chacun des confrères lors de son aggrégation. Ils jurent « sur le très-sacré » corps de Jésus-Christ, et sur la part qu'ils pré» tendent en paradis, d'employer toutes leurs » forces et moyens à l'extirpation des hérésies, » à la ruine et extermination de ceux qui en font » profession, nommément Henri de Bourbon, » prétendu roi de Navarre, manifestement relaps » et excommunié, etc. »

Peut-il rien exister de plus pernicieux pour un état qu'une association semblable, et n'est-il pas clair qu'en instituant de telles confréries, on ne cherche qu'à fomenter la révolte à l'ombre des autels ?

Ceux qui entraient dans l'association établie à Toulouse, et dont a ci-dessus parlé de Thou, s'engageaient aussi par serment *de ne jamais reconnaître le roi de Navarre pour successeur à la couronne.* Ce fut principalement ce qui engagea M. de Caumel, avocat général au parlement de cette ville à en requérir la suppression. L'évêque de Comminges s'y opposa de tout son pouvoir, et en prit hautement la défense ; cependant par arrêt du dernier septembre 1589, il fut enjoint de n'y plus entrer sous peine de la vie (1).

La confrérie des pénitens bleus avait été érigée à Bourges, dans des vues aussi criminelles; on le voit dans le réquisitoire avec lequel M. Servin en demanda l'abolition. « Par les articles de cette confrérie, dit ce zélé magistrat (2), au lieu d'une émulation chrétienne, se » trouve que les confrères y dénommés, ainsi que » d'autres eux disant de la *Compagnie* du nom *de* » *Jésus*, ont fait des statuts impies, pleins de con- » spirations et détestations exécrables; statuts qui » portaient protestation de continuelle désobéis- » sance au défunt roi, et de ne reconnaître jamais » celui que Dieu a montré qu'il avait destiné pour » son successeur, de n'épargner pères et mères » ni parens qui voudraient faire pareil serment, » et vivre et mourir en leur foi : ce que lui qui » parle pour la vérité, pour l'autorité du roi et » pour le public, eût supprimé par silence, et » par le sage oubli ordonné par les édits du roi » portant abolition des faits de la ligue; si les » intimés qui sont gens ramassés la plupart de la

(1) *Hist. du Languedoc*, t. 5, l. 41, chap. 49, p. 441, in-folio. 1745.

(2) *Arrêt contre la Confrérie des prétendus pénitens bleus*, p. 4. Plaidoyers de L. Servin, in-8. 1603.

» lie du peuple, n'eussent fait plaider qu'il y a
» de la sainteté en leur congrégation. Car ces
» gens qui par leurs conspirations secrètes et par
» leurs bacchanales furieuses ont donné cause à
» l'abominable parricide du défunt roi, se veu-
» lent dire aujourd'hui imitateurs de sa piété. »

Mais rien ne peint mieux le fanatisme qui agitait cette époque, que les pratiques de certaine confrérie, connue alors sous le nom de *Compagnie de l'Hermitage*. Les plus distingués de cette troupe prétendaient recevoir chacun à leur tour une inspiration pour conduire les autres ; et celui d'entre eux qui était destiné à cette mission toute particulière, distinguait ce jour-là très-clairement un rayon qui lui servait de guide, à peu près comme Moïse, qui fit passer aux hébreux la mer Rouge avec l'aide d'une colonne de feu. Les excès de ces visionnaires seraient incroyables, s'ils n'étaient pas bien démontrés.

Ils avaient fait élever devant le portail de la principale église d'Argentan, une image de la vierge qui foulait aux pieds un serpent, et sur lequel était attaché cette inscription : *Le Jansénisme.* Tous les soirs ils se rendaient devant cette image, et là, après avoir chanté les litanies destinées au culte de la mère de Christ, ils y ajoutaient ces deux versets : *Flagellum Jansenista-*

rum, ora pro nobis. Extirpatrix Jansenistarum, ora pro nobis. Les magistrats informés de ce désordre voulurent faire enlever l'image qui en était l'occasion; mais les coupables parvinrent à soulever la populace, et rendirent impuissante l'autorité des magistrats.

Les processions de la compagnie de l'Hermitage étaient aussi insensées que leurs autres cérémonies. La surveille de la Pentecôte, l'an 1659, ces illuminés partirent du village de Silly pour aller processionnellement à la ville d'Argentan. Les prêtres ayant retroussé leurs soutanes pour en former un capuchon, les femmes et les filles imitèrent cet exemple en retroussant leurs jupes; et chacun se barbouilla le visage avec de la terre jaune qu'on ramassa le long du chemin. Ainsi affublés, et tenant à la main des cailloux énormes dont ils faisaient jaillir la lumière, nos pèlerins criaient à tue-tête: « Nous sommes les » fols de Jésus-Christ, malheur à ceux qui ne » nous suivent pas, et ne viennent pas avec » nous en Canada. Malédiction sur la France, » malédiction sur Argentan, malédiction sur ceux » qui ne nous suivent pas en Canada. Les Jansé» nistes ruinent la foi en France. Jésus-Christ » quitte la France, et vient avec nous en Canada. » Malédiction, exécrabilité sur les Jansénistes. »

Le lendemain la même bande se rendit à Seez, et se disposait à en traverser les rues dans le même équipage, si les juges des lieux, avertis de ce scandale, n'eussent troublé la cérémonie en faisant arrêter et conduire en prison les plus mutins.

Les ligueurs ne sont pas les premiers sujets rebelles qui aient abusé des confréries. Elles ont été employées sous Charles V et Louis XI à entretenir des conspirations contre ces souverains. Ce sont des faits que nous apprend un jurisconsulte chargé de défendre le prince de Condé et Henri IV, alors roi de Navarre, à cause de la bulle d'excommunication lancée sur eux par Sixte-Quint.

« On sait bien, dit cet auteur, que les plus » signalées conjurations qui ont jamais été contre » les rois et les princes chrétiens, se sont mas- » quées du nom de confréries ou ligues saintes. » Témoin, pour ne sortir hors de notre royaume, » ce qui fut fait en France au temps du roi » Charles V, par Étienne Marcel, prévôt des » marchands de Paris, lequel, accompagné d'au- » tres aussi bons garnemens que lui, fit par ma- » nière de monopole, une grande confrérie, » appelée la confrérie Notre-Dame, en laquelle se » faisaient plusieurs sermons, ligues et alliances,

» sans et contre l'autorité du roi Jean, alors prisonnier en Angleterre ; et dudit Charles Dauphin et régent de France, jusque-là qu'ils » s'étaient obligés ensemble par lettres et par serment de porter une marque d'argent mi-partie » d'émail vermeil et azuré, avec cette inscription au-dessous : *A la bonne fin ;* ensemble des » chaperons de drap desdites couleurs, en signe » d'alliance et de ligue ; en laquelle furent tués » Robert de Clermont, le maréchal de Champagne, maître Regnaud d'Aty, Jean Perrot, » Thomas Foucault, et une infinité d'autres qui » sont nommés en la chartre de l'abolition que » le susdit Charles V leur octroya le 10 août 1358. » Du temps du roi Louis XI, ceux qui étaient » cachés et couverts serviteurs du duc de Bourgogne en voulurent faire autant. Toutefois Sa » Majesté sage et pleine de prudence les alla » trouver en l'église de la Madeleine à Paris, où » les partisans de cette nouvelle confrérie s'assemblaient, et par ce moyen leur ayant fait » défense de faire convocation quelconque, ni » dresser confrérie, qu'il ne fût le premier confrère, ce coup fut rompu. »

Nos livres sont remplis d'arrêts rendus contre les confréries. Tout le monde sait qu'en 1716 l'autorité publique fut obligée de faire cesser des congrégations de soldats que les jésuites formaient dans les différentes provinces du royaume; et qu'on fit défenses à tout militaire, sous des peines très-rigoureuses, d'entrer dans ces associations justement suspectes de prêcher la révolte, bien qu'elles se fussent enveloppées du voile de la piété (1).

Des folies comme celles que nous avons décrites servent de leçons à tous les siècles. Puisqu'on a vu les Français se livrer à des excès aussi incompréhensibles, il n'y a pas de précautions qu'on ne doive prendre pour anéantir tout ce qui peut tendre même indirectement à les renouveler*.

Voici sur ce sujet important quelques réflexions qui furent écrites dans le dernier siècle; on dira si j'ai raison de les reproduire ici.

(1) *Hist. du livre des réflexions morales sur le Nouveau-Testament et de la Constitution Unigenitus*, tom. 4, p. 205, in-12. 1723.

* M. l'abbé Monchy prêchant dans l'église de Mantes, à la grand'messe, le dimanche 6 de ce mois (mai 1827), s'est exprimé en ces termes :

« Il me reste encore un mot à vous dire. Je dois vous le dire » quand il devrait m'en coûter la vie. Je vais vous le dire, le » voici : Point de salut pour le roi, ni pour les Français, si la » Charte n'est abolie. »

M. le procureur du roi était présent; il ne paraît pas jusqu'ici qu'aucune poursuite ait été dirigée contre le prédicateur.

(*Constitutionnel* et *Courrier français* du mercredi 16 mai)

« Selon la raison, selon le droit des rois et des peuples, la jurisprudence ecclésiastique n'est et ne peut être que l'exposé des priviléges accordés aux ecclésiastiques par les souverains représentans de la nation.

» S'il est deux autorités suprêmes, deux administrations qui aient leurs droits séparés, l'une fera sans cesse effort contre l'autre. Il en résultera nécessairement des chocs perpétuels, des guerres civiles, l'anarchie, la tyrannie, malheurs dont l'histoire nous offre l'affreux tableau.

» Toute religion est dans l'État, tout prêtre est dans la société civile, et tous les ecclésiastiques sont au nombre des sujets du souverain chez lequel ils exercent leur ministère. S'il était une religion qui établît quelque indépendance en faveur des ecclésiastiques, en les soustrayant à l'autorité souveraine et légitime, cette religion ne saurait venir de Dieu, auteur de la société.

» Il est par-là même de toute évidence que dans une religion dont Dieu est représenté comme l'auteur, les fonctions des ministres, leurs personnes, leurs biens, leurs prétentions, la manière d'enseigner la morale, de prêcher le dogme, de célébrer les cérémonies, les peines spirituelles; que tout, en un mot, ce qui intéresse l'ordre civil doit être soumis à l'autorité du prince et à l'inspection des magistrats.

» Que jamais aucune loi ecclésiastique n'ait de force que lorsqu'elle aura la sanction expresse du gouvernement : c'est par ce moyen qu'Athènes et Rome n'eurent jamais de querelles religieuses.

» Ces querelles sont le partage des nations barbares ou devenues barbares.

» Que le magistrat seul puisse permettre ou prohiber le travail les jours de fêtes, parce qu'il n'appartient pas à des prêtres de défendre à des hommes de cultiver leurs champs.

» Que tout ce qui concerne le mariage dépende uniquement du magistrat, et que les prêtres s'en tiennent à l'auguste fonction de le bénir.

» La religion n'est instituée que pour maintenir les hommes dans l'ordre, et leur faire mériter les bontés de Dieu par la vertu.

» Tout ce qui, dans une religion, ne tend pas à ce but, doit être regardé comme étranger ou dangereux.

» L'instruction, les exhortations, les menaces des peines à venir, les promesses d'une béatitude immortelle, les prières, les conseils, les secours spirituels, sont les seuls moyens que les ecclesiastiques puissent mettre en usage pour essayer de rendre les hommes vertueux ici bas, et heureux pour l'éternité.

» Tout autre moyen répugne à la liberté de la raison, à la nature de l'homme, aux droits inaltérables de la conscience, à l'essence de la religion, à celle du ministère ecclésiastique, à tous les droits du souverain. Prière n'est pas domination, exhortation n'est pas despotisme. Un bon prêtre doit être le médecin des âmes. Si Hippocrate avait ordonné à ses malades de prendre de l'ellébore sous peine d'être pendus, Hippocrate aurait été plus fou et plus barbare que Phalaris, et il aurait eu peu de pratiques. Quand un prêtre dit : Adorez Dieu, soyez juste, indulgent, compatissant ; c'est alors un très-bon médecin. Quand il dit : Croyez-moi ou vous serez brûlé ; c'est un assassin.

» Le magistrat doit soutenir et contenir le prêtre, comme le père de famille doit donner de la considération au précepteur de ses enfans et empêcher qu'il n'en abuse. L'*accord du sacerdoce et de la royauté* est le système le plus monstrueux, car, dès qu'on cherche cet accord, on suppose nécessairement la division : il faut dire *la protection donnée par la royauté au sacerdoce.*

» Se donner un maître à trois ou quatre cents

lieues de chez soi; attendre pour penser que cet homme ait paru penser; n'oser juger en dernier ressort entre quelques-uns de ses concitoyens, que par des commissaires nommés par cet étranger; n'oser se mettre en possession des champs et des vignes qu'on a obtenus de son propre roi sans payer une somme considérable à ce maître étranger; violer les lois de son pays qui défendent d'épouser sa nièce, et l'épouser légitimement en donnant à ce maître étranger une somme encore plus considérable; n'oser cultiver son champ le jour que cet étranger veut qu'on célèbre la mémoire de tel ou tel saint: c'est là en partie ce que c'est que d'admettre un pape.

» Pourquoi presque tous les papes et tous les évêques, au seizième siècle, ayant publiquement tant de bâtards, s'obstinèrent-ils à proscrire le mariage des prêtres, tandis que l'Église grecque a continué d'ordonner que ses curés eussent des femmes?

» Pourquoi dans l'antiquité n'y eut-il jamais de querelle théologique, et ne distingua-t-on jamais aucun peuple par un nom de sectes? Les Égyptiens n'étaient point appelés *isiaques*, *osiriaques*; les peuples de Syrie n'avaient point nom *cybéliens*. Les Crétois avaient une dévotion particulière à Jupiter, et ne s'intitulaient point *ju-*

pitériens. Les anciens Latins étaient fort attachés à Saturne; il n'y eut pas un village du Latium qu'on appela *Saturnien* : au contraire, les disciples du dieu de vérité prenant le titre de leur maître même, s'appelant *oints* comme lui, déclarèrent dès qu'ils le prirent une guerre éternelle à tous les peuples qui n'étaient pas *oints*, et se firent plus de quatorze cents ans la guerre entre eux en prenant le nom d'*ariens*, de *manichéens*, de *donatistes*, de *hussistes*, de *papistes*, de *luthériens*, de *calvinistes*, et même en dernier lieu les jansénistes et les molinistes n'ont point eu de mortification plus grande que de n'avoir pu s'égorger en bataille rangée. D'où vient cela?

» La raison nous apprend que le prince peut laisser subsister quelques abus, comme de laisser décider en cour de Rome certaines affaires qu'on pourrait très-bien décider dans son conseil.

» Elle nous montre que quand le prince voudra abroger ces coutumes, elles tomberont comme un bâtiment gothique qu'on détruit pour le rebâtir à la moderne.

» Elle nous montre que quand le prince voudra extirper un abus préjudiciable, ses peuples doivent y concourir, et y concourront, l'abus eût-il quatre mille ans d'ancienneté.

« Cette raison nous enseigne que le prince doit

être maître absolu de toute police ecclésiastique, sans aucune restriction, puisque cette police ecclésiastique est une partie du gouvernement ; et de même que le père de famille prescrit au précepteur de ses enfans les heures du travail, le genre des études, etc., de même le prince peut prescrire à tous ecclésiastiques sans exception, tout ce qui a le moindre rapport à l'ordre public.

» Cette raison nous dit à tous que, quand le prince voudra donner à ceux qui ont versé leur sang pour l'État, des pensions sur des bénéfices, lesquels bénéfices sont une partie du patrimoine de l'État, non-seulement tous les officiers de guerre, mais tous les magistrats, tous les cultivateurs, tous les citoyens béniront le prince ; et quiconque s'opposerait à une institution si salutaire, serait regardé comme un ennemi de la patrie.

» De même quand le prince qui est le pasteur de son peuple voudra augmenter son troupeau, comme il le doit ; quand il voudra rendre aux lois de la nature les imprudens et les imprudentes qui se sont voués à l'extinction de l'espèce et qui ont fait un vœu fatal à la société dans un âge où il n'est pas permis de disposer de son bien, la société bénira ce prince dans la suite des siècles.

» Il y a tel couvent inutile au monde, à tous égards, qui jouit de deux cent mille livres de rente. La raison démontre que si l'on donnait ces deux cent mille livres à cent officiers qu'on marierait, il y aurait cent bons citoyens récompensés, cent filles pourvues, quatre cents personnes au moins de plus dans l'État au bout de dix ans, au lieu de cinquante fainéans; elle démontre encore que ces cinquante fainéans rendus à la patrie cultiveraient la terre, la peupleraient, et qu'il y aurait plus de laboureurs et de soldats; voilà ce que tout le monde désire. La superstition seule s'y opposait autrefois; mais la raison soumise à la foi *écrase la superstition.* »

A ce style naturel, à cette philosophie douce et vraie, qui ne reconnaît le grand homme à qui l'on ne pardonnera jamais d'avoir voulu *écraser l'infâme.* Depuis long-temps la raison dit que ses cahiers valent mieux que ceux de la faculté de Sorbonne; et long-temps encore, malgré tant de ridicules anathèmes, ils serviront de code aux êtres pensans.

Après des siècles de philosophie, un peuple éclairé se vit contraint de graver cette inscription sur le temple de la nature : *Je suis tout ce qui est; tout ce qui a été, tout ce qui sera, et nul mortel encore n'a percé le voile qui me couvre.*

Aujourd'hui que nous avons voulu percer ce voile, que savons-nous de plus? Apparaissez, victimes de l'intolérance, secouez la poussière qui vous couvre; rassemblez vos ossemens épars !... — Eh quoi! misérables fanatiques, le continent n'a pu suffire à votre infâme avarice; les quinze millions d'hommes que vous y avez fait brûler ou massacrer n'ont pu assouvir votre rage sacrilége; dans l'autre hémisphère encore j'aperçois quinze millions d'hommes égorgés par vous! Les malheureux! le peu de prix qu'ils attachaient à leur or n'a pu les sauver d'un voisinage si funeste.

Il y avait un monstre qui dominait la race humaine, a dit Lucrèce (1), voici tantôt deux mille ans. Les nations dégradées se courbaient devant son sceptre stupide; il répandait la terreur qui ne convient qu'aux esclaves; il semblait cacher sa tête et tonner du haut des régions de l'empirée; mais il parut un homme qui, sans effroi, osa porter la vue sur le monstre, et qui reconnut que c'était un vain fantôme. Cet homme était Épicure.

Malgré Épicure, malgré Voltaire même, le monstre a reparu. Ne le voyez-vous pas en ce

(1) Lucretius, *de rerum naturâ*, *lib.* 1, *vers.* 63.

moment relever sa tête hideuse et secouer ses torches homicides sur l'Espagne infortunée ? Ici vous distinguez à peine sa marche tortueuse et rampante ; mais il rampe aussi le serpent qui s'élève à la cime de l'arbre pour en dévorer tous les fruits. Osons porter la vue sur le monstre, nous reconnaîtrons que c'est un vain fantôme !

FIN.

www.ingramcontent.com/pod-product-compliance
Lightning Source LLC
LaVergne TN
LVHW020436230826
846091LV00004B/1514
9782013576291